SKILLS and PRAC

SPANiSH to
Standard Grade

Fernand Dierckens
Eleanor Caldwell

OXFORD
UNIVERSITY PRESS

OXFORD
UNIVERSITY PRESS

Great Clarendon Street, Oxford OX2 6DP

Oxford University Press is a department of the University of Oxford.
It furthers the University's objective of excellence in research, scholarship,
and education by publishing worldwide in

Oxford New York

Athens Auckland Bangkok Bogotá Buenos Aires Calcutta
Cape Town Chennai Dar es Salaam Delhi Florence Hong Kong Istanbul
Karachi Kuala Lumpur Madrid Melbourne Mexico City Mumbai
Nairobi Paris São Paulo Singapore Taipei Tokyo Toronto Warsaw

with associated companies in Berlin Ibadan

Oxford is a registered trade mark of Oxford University Press
in the UK and in certain other countries

© Oxford University Press 1996

The moral rights of the author have been asserted
Database right Oxford University Press (maker)

First published 1999

ISBN 0 19 912260 1

Acknowledgements

The publishers would like to thank the following for permission to
reproduce photographs, and for additional commissioned
photography:
Tony Lees p.34 (left); Life File pp.38 (g), 58, 66, 73 (top), 87;
Mexicana p.65; OUP p.13 (left); Rex Features pp.16 (top left), 17;
Richard Sheppard pp.45, 81 (b and c), 85, 103 (top left, centre right,
and bottom left). All other photographs David Simson.

Cover photograph: Cathedral Xabia, Spain, by David Churchill/Arcaid

The illustrations are by Hemesh Alles pp. 31 (top), 32 (centre left and
right), 34 (top), 90; Peter Brown pp. 21, 31 (bottom), 33 (top and
centre), 53, 61 (bottom), 69, 70, 71 (bottom), 72, 78, 79 (bottom),
81, 85 (bottom), 86, 93, 110, 112, 114, 116, 117; Peter Byatt p. 29
(top); Nigel Paige pp. 14, 29 (bottom right), 30, 32 (bottom), 33
(bottom), 34 (bottom), 46 (bottom), 65, 79 (top), 85 (top).
Maps and diagrams by HardLines, Oxford, and Peter Ducker. The
authentic handwriting is by Kathy Baxendale, Adelaida Blazco
Cerezuela and Begoña Navarro Huidobro.

The publishers would like to thank the following for permission to
use copyright material:
Caja de Madrid; Cine Benlliure; Complan; Delegación Madrid; El País;
Hotel de Francia y París ; Hotel Turcosa; Iberojet; La Opinión de
Peñuelas-Arganzuela; Madrid metro; Mexican airlines ; Mía; Renfe;
Smash Hits; Pronto; Supertele; Teatro Alcázar; Teleprograma; Vale

The sound recording was made at Post Sound Ltd, London, with
production by Colette Thomson.

Every effort has been made to contact copyright holders of material
reproduced in this book. Any omissions will be rectified in
subsequent editions if notice is given to the publisher.

Typeset and designed by Peter Ducker MSTD

Printed and bound by Mateu Cromo S.A., Spain

Contents

page

Overview of units   4

Introduction   6

Standard Grade exam fact file   7

Unidades:

1   ¡Mucho gusto!   13

2   El tiempo libre   21

3   En casa   29

4   ¿Dónde vives?   37

5   El colegio   45

6   El trabajo   53

7   ¡Buen viaje!   61

8   Todo bajo el sol   69

9   Comprar y comer   77

10   La salud y el bienestar   85

11   Los servicios públicos   93

12   Una mirada al mundo   101

Pruebas de control: 109

Prueba 1   110

Prueba 2   112

Prueba 3   114

Prueba 4   116

Grammar summary   118

Verb table   126

Cassette transcript   130

Answers   140

Overview of units

Unit	Pages	Topic areas	Listening/reading
1 ¡Mucho gusto!	13–20	Self People and personal relationships	Understanding information and people talking about themselves; their family; friends; relationships
2 El tiempo libre	21–28	Leisure Events Times and dates	Understanding information and people talking about sports and hobbies; going out; books; films; concerts; television
3 En casa	29–36	Family and daily routine Home	Understanding information and people talking about houses and homes; household chores; daily routine
4 ¿Dónde vives?	37–44	Weather Environment, places and facilities Goods and services	Understanding information and people talking about climate; their area; cities, towns and villages; giving directions; public transport
5 El colegio	45–52	School Morale Immediate plans	Understanding information and people talking about school subjects; teachers; school facilities; the school day; school rules
6 El trabajo	53–60	Work Events, concerns and ideas of teenage and general interest	Understanding information and people talking about the jobs they do; qualifications; job advertisements and job applications; part-time jobs
7 ¡Buen viaje!	61–68	Holidays and travel Events Goods and services	Understanding information and people talking about types of holidays and holiday plans; hotel accommodation; travel and transport
8 Todo bajo el sol	69–76	Weather Food and drink Holidays and travel Environment, places and facilities Events	Understanding information and people talking about the weather; food and drink; bars and restaurants; accommodation; holiday events
9 Comprar y comer	77–84	Food and drink Clothes and fashion	Understanding information and people talking about favourite foods; shopping for food; recipes; shopping for clothes; fashion; advertisements
10 La salud y el bienestar	85–92	Physical state Accidents and emergencies Events, concerns and ideas of teenage and general interest	Understanding information and people talking about ailments and remedies; general fitness; accidents; advertisements
11 Los servicios públicos	93–100	Holidays and travel Goods and services Times and dates Events	Understanding information at the garage; at the post office; at the bank; at the lost property office; understanding useful telephone numbers; consumer complaints
12 Una mirada al mundo	101–108	Environment, places and facilities Events, concerns and ideas of teenage and general interest	Understanding information and people talking about learning languages; magazines; books; crime; current affairs, news and advertisements, Spain, Europe and the world

Speaking	Writing	Grammar focus
Talking and writing about yourself, family and friends	Writing letters describing yourself, family and friends; writing about the relationship you have with them	The present tense Infinitives
Talking about hobbies; favourite sports; discussing books and films; describing leisure opportunities in your area; making arrangements to go out; buying tickets for the cinema	Writing a diary of events during a holiday in Spain; describing a concert; discussing television	The preterite tense
Talking and writing about your home and daily routine; describing life at home; staying with an exchange partner	Describing your home; writing a letter recommending a house for the summer; describing your ideal home	Reflexive verbs
Talking and writing about your area and its climate; comparing with other areas; giving directions; using public transport	Writing a letter describing your area and discussing its advantages and disadvantages	Gender and articles Agreement of adjectives
Talking and giving opinions about your school; school subjects; teachers; the school day; school rules	Write a letter about life at school; making recommendations	The future tense
Talking about your family's jobs; describing your part-time job	Writing a CV and letter of application; writing a letter recommending a friend for a job; describing a day at work	Indirect speech
Talking about ideal holidays and holiday plans; accommodation; staying at a hotel and campsite; buying tickets at the station	Writing a letter of reservation; writing letters of complaint; describing detailed holiday plans	The present continuous The past continuous
Describing the weather; talking about a recent holiday; talking about and ordering food and drink	Writing a letter about a recent holiday; comparing hotels; writing a letter of complaint	The imperfect tense Combining the preterite and the imperfect tenses
Talking about favourite foods and typical dishes; buying food; buying clothes; discussing fashion	Writing letters about favourite dishes; describing clothes; an article on young fashion	Demonstrative and possessive adjectives Possessive and interrogative pronouns
Talking about general fitness; explaining what is wrong; at the doctor's and chemist's reporting and describing an accident	Writing about a road accident; writing about a skiing accident;	Ser and Estar Por and Para Prepositions
At the garage; post office; bank; lost property office	Writing a consumer complaint letter; writing to the lost property office; writing a letter describing a day full of misadventures	The perfect tense Pronouns
Discussing and giving opinions on the importance of learning languages; views on Europe and current affairs; social problems; the media	Writing a book revue; reporting on a crime	The conditional tense The subjunctive

Introduction

Welcome to *Spanish to Standard Grade*

If you are taking Standard Grade Spanish, then this book is for you. It will help you to prepare for all the different parts of the exam. Your teacher may work through the book with you in class or you can use the book on your own to help you with your revision. The book is divided into a number of sections to help you organise your work and to help you look things up easily.

📼 The book is accompanied by a cassette of which your teacher can make copies so that you can work through the listening activities on your own for homework or as part of your revision.

Overview of units (pages 4–5)

This shows you which Standard Grade topics are covered, and what speaking, listening, reading and writing tasks are included in each unit. There is also a unit-by-unit grammar survey.

Exam fact file (pages 7–12)

Here you will find information about the Standard Grade examination which you will be taking. It explains the different parts of the final exam and offers examples from past papers. The system of continuous assessment in speaking at Standard Grade is also explained. This section also contains useful tips for revision.

The units (pages 13–108)

The main part of the book is divided into 12 units. Each unit follows a theme and covers aspects of different Standard Grade topic areas. For the listening activities you will need to use the cassette which accompanies the course. The speaking activities can be done with a partner and perhaps then recorded onto a cassette. Within each unit you will find that the activities become increasingly difficult. At the end of each unit you will find a section called *Práctica* which gets you to practise grammar points which appear in the unit. Finally there is a section called *Vocabulario* which lists key words related to the topic. Throughout the units you will also find useful hints to help you prepare for the different types of questions.

Pruebas de control (pages 109–117)

This section is made up of a number of mini-tests. Your teacher may give you these to do in class or you could use them youself as part of your revision. There are four *Pruebas de control*: the first revises units 1–3; the second revises units 4–6; the third revises units 7–9; and the last one revises units 10–12.

Grammar summary (pages 118–129)

This provides a summary of the main points of grammar which you will need. There is also a verb table which lists the main verbs which you are likely to need for Standard Grade.

Cassette transcript (pages 130–139)

Here you will find the text of all the listening activity materials which are on cassette. Always listen to the cassette on its own first but if you find it difficult to follow a listening activity, try reading the text as you listen to the cassette.

Answers section (pages 140–144)

Here you will find the answers to the listening, reading and *Práctica* activities. Use the answers to check how you have done after you have had a go at an activity.

We hope that you will find *Spanish to Standard Grade* a useful aid to your revision. Look through the book now to find the different sections mentioned above so that you will know how to use it when planning and doing your revision.

¡Que tengas mucha suerte!

Standard Grade Exam fact file

1 The Standard Grade Examination

WHAT will you be tested on?

The Standard Grade Spanish exam aims to test your ability to communicate in and understand Spanish with confidence. In the exam itself you will be tested on your ability to LISTEN, READ and WRITE in Spanish.

Throughout the second year of your Standard Grade course your ability to speak in Spanish will be tested in class and your teacher will award you a grade for this.

The writing paper at Standard Grade (General and Credit levels) is optional. Please read the note on writing below carefully.

The examination syllabus covers a wide range of Topic Areas:

Topic areas

Self
Personal belongings (Pets/Money)
Family and daily routine
People and personal relationships
Home
Holidays and travel
School
Food and drink
Work
Immediate plans
Leisure
Clothes and fashion
Morale (happy, bored, etc.)
Physical state (hungry, ill, etc.)
Weather
Events (past, present and future)
Goods and services
Accidents and emergencies
Times and dates
Environment, places and facilities
Events, concerns and ideas of teenage and general interest

As you can see, many of the topics naturally overlap one another e.g.: Holidays and travel, and weather or School and Self. This book will provide you with opportunities to practise listening, speaking, reading and writing in all topic areas.

HOW will you be tested?

There are three different levels at Standard Grade in all subjects: Foundation (Grades 5 and 6), General (Grades 3 and 4) and Credit (Grades 1 and 2). You will be entered for two of these levels, either Foundation/General or General/Credit. At Foundation, General and Credit levels you will be tested on each of the following skills: speaking, listening and reading. At General and Credit levels you may also sit an optional Writing paper. There is no Writing paper at Foundation level.

Speaking

This is an extremely important part of the overall assessment at all levels of Standard Grade Spanish. The grade you are awarded for speaking accounts for 50% of your final award. You will be awarded a grade for speaking by your teacher. Throughout the final year of your Standard grade course, you will be required to undertake a number of speaking assessment tasks in class. These will be based on the topic areas and will take a variety of different formats. Here are some examples of these:

- Having a conversation with your friend/teacher
- Interviewing a partner
- Taking part in a group discussion
- Giving a talk or report

You should ask your teacher to explain other possible formats of the speaking assessments which you are likely to undertake. It is important to note that in an assessment task you will always be required to " be yourself" and not play the part of a shop-keeper, travel agent, etc. In normal class work you may do some role-play work in which you have to take another role. This will not be the case in an assessment task. Here is a practical example:

Topic: Clothes and fashion
Format of task: Conversation with a friend

- talk about the type of clothes you like best and the ones you really don't like
- find out about your partner's favourite clothes and see if you agree or not
- describe a particular item of clothing which you've recently bought: colour, material, cost, etc.
- respond appropriately when your partner asks you where you bought the clothes
- suggest a shopping trip for clothes with your friend

– discuss plans for this if your friend agrees, or make alternative arrangements.

As you can see in this example, you must show that, as well as answering the questions, you are also able to:

- ask questions
- offer opinions
- discuss
- agree or disagree
- make suggestions

It is very important to remember that the speaking assessment task is not just answering questions. The most important thing is to make yourself clearly understood. You do not always need to use complete sentences. Even just by using key words and short phrases, you can ask a question, offer an opinion, etc. Always try to respond in some way. If you don't understand – *No entiendo*. If you don't hear clearly – *¿Puede repetir por favor?*, etc. All the speaking activities in this book will give you useful phrases to help you be successful in speaking assessments.

Listening

There is a listening paper at Foundation, General and Credit levels at Standard Grade. The grade for listening accounts for 25% of your final award. Listening papers at all levels form part of the Standard Grade final examination.

The language of all listening tests will be based on the topic areas outlined above and will be recorded on cassette. The Spanish will be spoken clearly by native speakers of the language. You will hear each item twice and will answer English questions in English about what you hear.

You will not be allowed to use a dictionary in any listening tests. At all levels you will firstly hear a short introduction in English describing an everyday situation. The questions which follow are all based round this situation. For each question you will hear a piece of Spanish. The question will then ask you, in English, to extract one or more pieces of information from what you've heard. Your answer might range from ticking or crossing a box to writing a longer explanation. Answers do not have to be in full sentences, but it is essential that you present the information in your answer very clearly. You are permitted to take notes when listening to the tape. Remember that you will hear the Spanish twice. To give you an idea of the type of language and questions at each level, here are some examples taken from past papers. Remember that these are listening tests and are recorded. Your teacher will give you the opportunity to hear recorded versions in class.

Foundation

At Foundation level, you will hear a short piece of Spanish which is spoken quite slowly. Your answers will normally be brief. You often have to just tick or cross a box. Here are the introduction and two questions from a Foundation Listening paper.

Introduction: Your school is involved in a Work Experience exchange with a school in Santander. You have received a tape from the Spanish school.

Question 1: One of the pupils introduces herself. How old is Elena?
¡Hola, amigos! You me llamo Elena y tengo quince años.

Question 2: Elena then tells you about her family. What does she say?
Tengo un hermano mayor pero no tengo hermanas.

General

At General level, the language will be spoken slightly more quickly and the comments or pieces of conversation will be longer. Your answers will range form ticking or crossing boxes to writing longer notes. Here is an example from a general listening paper.

Question 1: Your visit to Santander will be in November. According to Elena, one of the pupils, what will the weather be like?
Así que vais a venir en el mes de noviembre. Hay que decir que hace bastante frío y a veces hay niebla.

Question 2: Elena suggest the type of clothes you should bring. In the grid below, put a tick beside the four items she mentions.

jacket ☐
t-shirts ☐
swimming-costume ☐
jumpers ☐
gloves ☐
jeans ☐
cap ☐
boots ☐

Sería mejor traer ropa cómoda, por ejemplo una chaqueta y unos jerseys, unos vaqueros y tal vez una gorra contra el frío.

Credit

At Credit level, the language and language content are more challenging. The extracts will be longer (sometimes up to six sentences) and the topics of conversation more thought-provoking. Your answers to Credit level will always consist of writing notes. Here is an example from a Credit Listening paper.

You have now arrived in Santander to start your Work Experience

Question 1: The Mayor of Santander welcomes your group. What is special about this year?
Bienvenidos todos a Santander. Como ya sabéis, estamos celebrando diez años de intercambios con vuestra ciudad. ¡Fijaos, jóvenes! ¡Diez años!

Question : Just before your departure, your exchange partner's dad speaks to you about the return visit to Scotland. Why is he worried? What request does he make?

Oye, estoy un poco nervioso porque es la primera vez que mi hijo viaja fuera de España sin su familia. Ya sabemos que le acompaña mucha gente, pero no es lo mismo. ¡Sería posible que su madre le llamara por teléfono cada día a una hora fija?

Remember: at the end of all the listening papers at all levels you will have 5 minutes to look over your answers. Try not to leave any blanks.

Reading

There is a reading paper at Foundation, General and Credit levels at Standard grade. The grade for reading accounts for 25% of your final award. Reading papers at all levels form part of the Standard Grade final examination.

The Spanish used in all Standard Grade reading papers will be "real" Spanish, that is, it will be taken from real Spanish sources: magazines, newspapers, brochure, menus, etc. Questions and answers are in English. You will be allowed to use a dictionary in all reading tests. The following examples give you an idea of the type of question and language used at each level. Questions will often also include pictures which can help your understanding of the extract. There is not enough space in a book like this to reproduce the questions in full, with illustrations. Your teacher will give you the opportunity to work with a wide range of reading materials in class.

Foundation

As with the listening papers, the reading paper begins with a short introduction describing a simple situation, for example: You are on holiday in Spain with your family. The material at Foundation level ranges from advertisements, pages from brochures, menus, signs, etc., often including pictures or diagrams and requires you to extract basic information, e.g: prices, times, days of the week, and instructions. You will be required to write either short notes or tick boxes. When writing answers in note form you must be careful to make sure that the answer is clearly expressed. Here is an example from a Foundation reading paper.

Introduction: You are staying with some Spanish friends. You see this ticket lying on a table.

FIESTAS DE AGOSTO
Precio silla:
325 pesetas
No. 00075

When do these events take place?

General

The texts at General level will be longer. Your answers will include ticking boxes, finishing sentences and giving reasons for, or explanations of, information in the extract. Here is an example.

In a magazine you read the following unusual story.

El Paquete Sorpresa
Una empleada de las oficinas de correos de Bolonia (Italia) descubrió, con sorpresa y espanto, que de un paquete salía una serpiente pitón. Cuando los bomberos lograron reducir a la serpiente con una cuerda y una saca postal, descubrieron en el interior del paquete una nota con la frase "no suele morder".

Where did the incident take place?
What was in the parcel?
Who took charge of the situation?
There was a note inside the parcel. What did it say?

Credit

The texts at Credit level are longer – normally complete articles from Spanish magazines or newspapers and sometimes poems or songs. They cover a wide range of more serious topics such as environmental issues, interviews or descriptions of well-known people, world affairs, etc. There are generally five or six questions which require details, explanations, reasons, etc. You must be very careful at Credit level to express you answers clearly, incorporating all relevant information. Here is a brief extract from one question.

You read this article in a magazine.

Ponte en marcha y estarás en forma
El ejercicio ayuda a mantenerte en forma, pero hacer ejercicio tiene otras ventajas. Puedes hacerlo solo o como miembro de un club o de un equipo. Muchas veces no es necesario gastar mucho dinero para practicarlo y además es divertido.

The article says that exercise keeps you fit. Give two other advantages mentioned.
Remember: this is just one quarter of an entire article. There are three other paragraphs and more questions.

Writing

There is a writing paper only at General and Credit levels in the Standard Grade exam. As mentioned above, this paper is optional. You must discuss with your teacher whether or not you are to be entered for the writing paper. The grade you are awarded for writing is a separate award and is not included in the calculation of your overall award. Writing papers at both levels form part of the Standard grade final exam.

You will be allowed to use a dictionary in the writing tests.

General

The general writing paper begins with a brief outline of an everyday situation in English. There will normally be five questions. In each question you will be instructed in English to write a few sentences in Spanish based on the introduction, for example: writing a postcard, making notes in a diary, filling in a form, etc. You will be writing your answer within a box, therefore your answer will be quite brief and the number of works will not be specified. Here is an example from a General writing paper.

You are writing to a new Spanish pen friend. You decide to tell your pen friend about a recent school trip. Write at least three sentences saying where you went, what you did there and what you thought of it.

Credit

At Credit level a brief introduction in English is followed by a piece of Spanish – normally a set of young people's comments on a particular topic, for example: pocket money, leisure interests, school, etc. Using these comments to help you, you will be required to write approximately 200 words in Spanish expressing you own opinions on the same subject. You will be guided by some additional questions in English. Here is a brief extract from a credit writing paper.

Here are some views of some young Spanish people on money.

> **Elena**
> **El dinero no me causa ningún problema. Llevo un año trabajando en una zapatería los sábados. Me encanta mi trabajo, y aparte de ganar mi propio dinero, pienso que es una experiencia muy útil. No tengo que pedir dienro a mis padres cada semana. Tengo dos hermanos menores y ellos siempre necesitan cosas.**

What are your views on money?
Here are some questions you may wish to consider. You do not have to use all of them, and you are free to include other relevant ideas.

Do you think it is important to have your own money?
Do you receive pocket money every week?
What do you like to spend your money on?
Do you have a part-time job or would you like to have one?
What do your parents think?

2 Preparing for the exam

Although it helps to know what you are likely to be faced with on the day of the exam, another way to increase your confidence and to help you show what you can do is to prepare thoroughly and effectively. Your preparation should begin *months* before the exams begin.

Practise!

Spanish to Standard Grade gives you plenty of practice in all the types of task you might be asked to complete in the exam. Activities generally focus on one skill area and skill focus boxes identify strategies which will help you complete the tasks effectively.

> These strategies will also help you in the exam.

Practise often!

Try to find the time to practise as often as possible. Trying to fit in as much as possible at the last minute generally does not work. You gain a lot more from frequent practice months before the exam.

Useful tips

- Read as much as possible. Ask your teacher if you can borrow magazines in Spanish. Using your dictionary and your knowledge of current affairs, you will quickly learn to identify key points.
- Listen to the radio. You can tune into one of the Spanish-speaking radio stations. If you like watching films, hire a video of a film in Spanish which has subtitles.
- Speak Spanish with your friends. Prepare role plays. Practise asking and answering questions. Record yourself and listen to your pronunciation. Then re-record yourself. Try to sound as Spanish as possible.
- Write letters to a Spanish-speaking penfriend. Find pictures in newspapers and magazines and write captions in Spanish. The pictures can help you remember key words and phrases.
- Grammar practice of key structures is provided in each unit of *Spanish to Standard Grade* Also look at the examples given in the *Grammar summary* and try to write your own examples using specific structures.
- Learn new words. Practise different methods to try to find the most effective way for you to learn. Below are some suggestions, although you may already have developed your own approach.
- Write lists of words in Spanish with their English meaning beside them. Cover up the English and see how many you understand. Then cover up the Spanish and see how many you can say in Spanish. Extend this activity to writing out the words in order to test your spelling.
- Draw pictures or symbols to help you remember vocabulary related to a specific topic. Test yourself using the pictures.
- Write groups of words on cards and leave these in

strategic places so that wherever you go in the house you can just quickly revise a few words.

- Try to call up from memory as many words as possible relating to a specific topic while you are doing something mindless such as brushing your teeth, doing the washing up, or travelling on the bus.
- Build word families to extend your knowledge. For example:

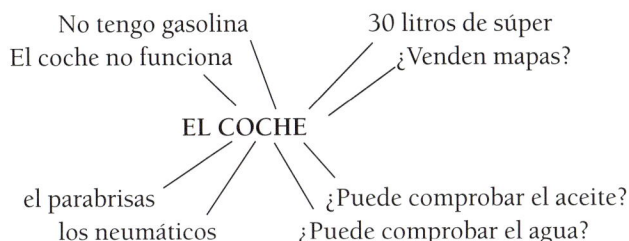

No tengo gasolina
El coche no funciona

30 litros de súper
¿Venden mapas?

EL COCHE

el parabrisas
los neumáticos

¿Puede comprobar el aceite?
¿Puede comprobar el agua?

Will I be able to use a dictionary?

You may be allowed to use a dictionary in some of the tests but it is important to remember that your time is limited. It is a good idea only to use your dictionary to confirm the meaning of a word, or perhaps to check whether it is masculine or feminine. Strategies for using a dictionary effectively are given below.

Using a dictionary

You may be required to use a dictionary in the reading test. It is important to know how to find your way round a dictionary quickly and without wasting time. So practise using your dictionary.

When reading a Spanish text, don't be tempted to look up every single word. You don't need to understand every word. Some you will be able to work out: perhaps they look or sound like English words, or the general context or pictures make the meaning clear. Use your dictionary only to confirm the meaning of a crucial word or to find the meaning of a key word that you cannot guess and that is preventing you from understanding the text generally.

Spanish–English

When you want to look up the English meaning of a Spanish word, go to the Spanish–English section of the dictionary. Sometimes it may happen that more than one equivalent English meaning is given. You must make sure that you choose the correct word based on the context. For example: *muñeca* can mean either 'wrist' or 'doll'. The context must help you decide which you think it is.

English–Spanish

When you want to find the Spanish word for an English word, go to the English–Spanish section of the dictionary. Again, sometimes more than one equivalent word is given in Spanish. In order to make sure that you are using the correct Spanish word, cross-check in the Spanish–English section. For example: relation will give you *relato* (meaning a story) or *pariente* (meaning family relation). Obviously the context you want to create will tell you which you want but you will need to cross-check the word you have chosen to make sure it means what you want it to mean!

The larger the dictionary, the more equivalent meanings it may give. However, the larger the dictionary, the more examples it will give. The best way to understand a word and the ways in which it can be used is by seeing it used in examples.

Some of the more common abbreviations used in dictionaries are:

nm	=	nombre masculino (el)	*masculine noun*
nf	=	nombre femenino (la)	*feminine noun*
pl	=	plural	
adj	=	adjetivo	*adjective*
adv	=	adverbio	*adverb*
vt	=	verbo	*verb*
prep	=	preposición	*preposition*

Revision plan

The above strategies will help you throughout the year as you build up towards the exam. However, you do need a revision plan as you approach the exams.

- Set aside some time every day to revise. A little revision every day is more effective than one day a week.
- Determine what you want to revise in each session and stick to it. You will gain nothing from darting from one topic to another within the space of a few minutes. You might want to divide your revision time according to the topics of the units in *Spanish to Standard Grade*. Revise all the speaking elements related to a chosen topic on one day, then do some reading practice on another day, etc. In this way you can cross-reference what you do and when you do it. Note this down on a calendar or a specially created revision chart.
- Make sure you have a copy of the cassette which accompanies *Spanish to Standard Grade*. As well as doing the listening activities in class, it is a good idea to do them again at home. Re-do the activities several times with suitable time intervals in order to get maximum practice. You might also just like to

have the tape on while doing the washing up or in the car. The more you listen, the more fluent you become!

- It is a good idea to do some of the reading and writing activities under timed conditions and then to see how you have done. This is excellent exam practice.
- Have a revision programme ready well in time for your mock exam. After the mock, analyse it and see whether you might want to make changes in order to make it more effective. Perhaps getting started even sooner would be a good idea.

On the day...

Once you have reached this stage, you should be well prepared and ready. Here are just a few more tips to help you on the day.

- Before each paper begins, make sure you are concentrating 100%. You need to be keyed into each paper as it starts, not after it has started. This is especially important for the listening exam as you only hear the extracts a few times.
- Read the questions carefully so that you can start each one confidently. In the listening and reading papers the questions help you focus on what you need to understand.
- Don't be tempted to over-use the dictionary. Your time is limited so only use it when you really have to.
- If you find that you can't remember a word in the speaking or writing tests, don't panic and don't give up! Try first of all to jog your memory by remembering when, where and how you learnt the word. If you still can't remember, try to use another word which will do, or try to explain what it is you are trying to say.
- Always check your work and make sure you have left nothing out. In the writing test read your work several times to check that it is accurate. You could focus on something different each time you read it: for example, check the verbs first (tense, person, correct ending), then the agreements of nouns and adjectives (masculine, feminine, singular, plural), and finally once more for the general flow of the passage.

¡Mucho gusto!

1 A Look at the envelope and write down the following details:

Nombre   Población
Apellidos   Provincia
Dirección   C.P.

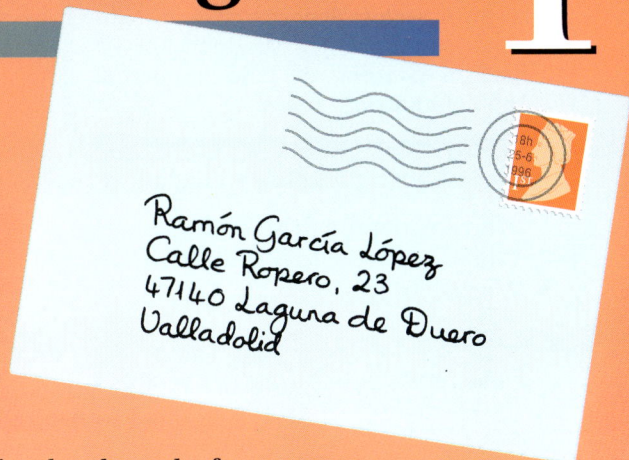

Ramón García López
Calle Ropero, 23
47140 Laguna de Duero
Valladolid

B Copy the form. Listen to this boy and write down his details on the form.

C Practise these questions with a friend:

1 ¿Cómo te llamas?
2 ¿Cuántos años tienes?
3 ¿Cuándo es tu cumpleaños?
4 ¿Dónde vives?
5 ¿Cuál es tu número de teléfono?

BOLETÍN DE SUSCRIPCIÓN

Nombre: ....
....
Dirección: ....
....
Población: ....
....
.... C.P: ....
Provincia: ....
....
Teléfono ....
.... Edad: ....

Firma

2 A Listen to Narci who is talking about her family and then correct the following sentences:

1 There are five people in her family
2 She has two brothers and one sister
3 She has a dog

B Listen to Narci once more and answer these questions:

1 What colour are the eyes of Narci's mother?
2 What does her father look like?
3 What is her sister's hair like?
4 Which of the two photos is that of Narci?

C Practise answering the following questions:
¿Cuántos hay en tu familia?
¿Tienes hermanos?
¿Tienes animales domésticos?
¿Cómo eres?
¿A quién te pareces más de tu familia?

a

b

Read the questions carefully
before listening to the cassette.

3 A Read these letters written by two girls and published in a magazine for young people.

■ Mercedes. Si eres un chico/una chica de 15 años en adelante; si te gusta la música, los deportes y eres simpático/a, escríbeme. Mi dirección es: Joaquín Sorolla, 3, bajo izquierda. 18600 Granada.

■ ¡Hola! Me llamo María Teresa, tengo 16 años y me gustaría mantener correspondencia con chicos inteligentes, simpáticos, sinceros y que tengan entre 15 y 20 años. A ser posible, que vivan en Sevilla. C/ Don Pelayo n° 9, 1°, 41720 Sevilla

Now read what these five teenagers are saying and answer the questions:

1 Who could write to Mercedes?
2 Who could write to María Teresa?
3 Who is not suitable?

Me llamo Raúl. Tengo dieciséis años y soy bastante inteligente y simpático. Vivo en Granada.

Me llamo Gloria. Tengo quince años y soy inteligente, simpática y sincera. Vivo en Granada.

Me llamo Luis. Tengo catorce años. Soy simpático y me encanta escuchar música. Vivo cerca de Salamanca.

Me llamo Fátima. Tengo trece años y me encantan la música y los deportes. Vivo en la provincia de Salamanca.

Me llamo Pedro. Tengo diecisiete años y soy sincero y simpático. Vivo en Madrid.

B Practise asking your partner the following questions:
¿Cómo eres de carácter?
¿A quién te pareces más de tu familia?
¿Te llevas bien con tu familia?

Use the vocabulary section on page 20 to help you with useful phrases.

4 Read David's message. Then listen to the description of three girls – Pila, Carmen and Ana. Decide who is most suitable to be David's girlfriend.

Listen and jot down notes while you listen.

¡Hola! Me llamo David, tengo 22 años y busco una chica rubia, simpática, cariñosa, alegre e inteligente, de entre 17 y 19 años, que quiera ser mi novia y me acepte tal y como soy. C/ Miguel Hernández, 5, 37008 Salamanca.

5 Read the following personal messages and answer the questions:

1 What nationality is Pedro?
2 What nationality is Nadia?
3 What do María and Nadia have in common?
4 What do Kajai and Pedro have in common?

Sin Fronteras

Soy una chica española que le gustaría tener amigos de todo el mundo, especialmente de Brasil. María Barajas Mejía. C/ Los Palacios, 3, 5° dcha, 31300 Tafalla (Navarra).

¡Hola! Aquí un joven marroquí que quiere mantener correspondencia con gente de España, porque me gusta su lengua y quiero mejorarla. Tengo 19 años. Kajai Chaoui, N° 21, Rue 1, Tranche 1, Casablanca (Marruecos).

Busco amigos de todas las partes del mundo, preferentemente de España. Pedro Luis Rodríguez Bucio, 4ta, Avenida Simón Bolívar 33, Santiago de Cuba (Cuba).

¡Hola! Me gustaría escribirme con chicos/as de todo el mundo. Soy una chica sincera y prometo contestar a todas las cartas. Nadia Requena Medio, C/ Palencia, 63, 58000 Morelia, México.

6 A Read what these five students have to say:

Nombre: Roberto
Edad: 19
Sueño para el futuro: encontrar un buen trabajo, una buena chica y formar una buena familia.

Nombre: Manuel
Edad: 18
Sueño para el futuro: tener un buen trabajo y salud

Nombre: David
Edad: 18
Sueño para el futuro: como toco la guitarra, me gustaría llegar a ser algo en el mundo de la música

Nombre: Pablo
Edad: 19
Sueño para el futuro: tener una carrera interesante y tener mucho dinero

Nombre: Alejandro
Edad: 18
Sueño para el futuro: demasiadas cosas, pero sobre todo encontrar un buen trabajo

Then listen to an interview with them and write down their names in the order in which they are speaking.

B Answer these questions:

1 Who wants to marry and have children?
2 Who likes music?
3 Who wants to be rich?
4 Who never wants to be ill?
5 What dream do most students have in common?

C Practise answering this question with your partner:
¿Cuál es tu sueño para el futuro?

Ejemplo: Mi sueño para el futuro es tener... /encontrar a... llegar a ser...

7 Make a list of all the questions in this unit and practise them with a friend.

Prepare your answers with as much detail as you can. Record your answers. Do they sound clear?

8 Read this message from Roberto and write a letter to him. Include personal details, what you are like, what things you like, and describe your dream for the future. Also ask him some questions.

Me llamo Roberto y me gusta cartearme con mucha gente de 0 a 100 años. Roberto Fdez. Plano. C/ Monte Casco, 3, 2b. 33205 Gijón (Asturias).

Use the language practised in this unit and the vocabulary section on page 20 to write this letter.

Querido Roberto:

9 The woman in the photo is called Doña Elena. She is the eldest daughter of King Juan Carlos of Spain. Doña Elena is married to Jaime de Marichalar.

Read these 10 facts about Jaime.

10 COSAS SOBRE
Jaime de Marichalar

1. Nació en Pamplona, el 7 de abril de 1963. Es el cuarto hijo del fallecido Conde de Ripalda.
2. Cursó secundaria en un colegio de Jesuitas.
3. Es máster en Gestión de Empresa y Marketing.
4. Trabaja para la banca privada en París.
5. Una prima suya le presentó a la Infanta en esta ciudad, en 1987.
6. La Guardia Real habla de él como un joven tímido y reservado.
7. Practica habitualmente equitación y esquí.
8. Igual que a doña Elena, le gustan los niños.
9. Su único vicio conocido es el tabaco.
10. Se declaró a la Infanta varias veces antes de que ella aceptara.

Read these sentences and check whether they are true or false:

1 Jaime de Marichalar es español.
2 El cumpleaños de Jaime es el siete de abril.
3 El padre de Jaime está muerto.
4 Jaime tiene cuatro hermanos.
5 Jaime es profesor en un colegio de Jesuitas.
6 Jaime tiene un diploma universitario.
7 Jaime conoció a su mujer en 1985.
8 Jaime es un chico bastante extrovertido y hablador.
9 Jaime es un chico deportista.
10 Probablemente Doña Elena y Jaime querrán tener muchos hijos.

10 Write down 10 facts in Spanish about your best friend.

> Check your knowledge of verbs in the third person singular (él/ella) in the verb table on pages 126–129.

11 Read this dramatic announcement and answer the questions:

DESAPARECIDO

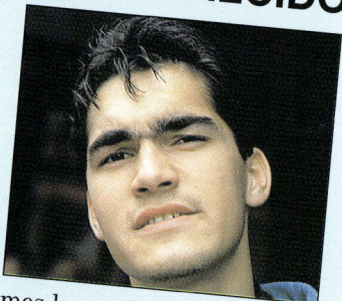

Solicitamos la ayuda de los lectores para encontrar a nuestro hermano, Manuel Solano, que desapareció del domicilio familiar en San Sebastián el 2 de mayo de este año. Es hijo de José y Natalia, tiene 31 años de edad y mide 1,90 de estatura.

1 Manuel:
   a) is dead
   b) has disappeared
   c) has got married
   d) has got divorced

2 Manuel's date of birth is the second of May. True or false?

3 The letter was written by
   a) his brothers
   b) his parents

4 Manuel's brother and sister are called José and Natalia. True or false?

5 Manuel is
   a) tall and old
   b) tall and young
   c) short and young
   d) short and old

12 A Read this article and answer the questions:

1 What nationality is Paula?
2 Does she live in New York, Los Angeles, or in both cities?
3 Is she mainly a dancer, actor or singer?
4 Is Paula's mother in the same profession?
5 Her friends call her Paula Summer:
   a) because she only works in summer
   b) because she is very popular with her friends
   c) because of her character and her physical characteristics
   d) because her birthday is in summer

B Link the following sentences to the section of the text that they summarise. Then put them in order so as to summarise the full text.

1 También la llaman «Summer».
2 Actualmente viaja mucho.
3 Tuvo un papel en un programa televisivo.
4 Recibió dinero para estudiar.
5 Se ha olvidado de dónde viene exactamente.

You will need to add basic details from the text in order to 'pad out' your summary.

La nueva cantante de Snap
TE PRESENTAMOS A...
Paula Brown

● Paula Brown nació en Washington, tiene 26 años y vive a caballo entre Nueva York y Los Ángeles.

● Obtuvo una beca a los 13 años para la New York City School of Ballet y más tarde se unió a la Alvin Ailey American Dance.

● Incorpora a sus shows unas trepidantes coreografías, y es que la chica de baile sabe un rato, porque participó en la serie televisiva Fama y ha intervenido como bailarina en videoclips y conciertos de Paula Abdul, Janet Jackson y Prince. De tal palo tal astilla, ya que su madre es profesora de baile.

● La cantante es también conocida dentro del mundillo artístico y por sus colegas por el alias «Summer», un apodo que le pusieron sus amigos desde que era muy pequeña y que no recuerda muy bien de dónde procede: «Habría que preguntárselo a ellos, mis amigos, pero creo que viene un poco por mi físico – ella es negra, pero tiene el pelo y los ojos de color claro – y en parte también por mi carácter, porque soy una persona muy alegre y extrovertida... No sé, recuerdo un poco al verano.»

13 The presenter of a radio show reads out a letter. Listen and answer the questions:

1 Who wrote the letter?
   a) two brothers both 15 years old
   b) two brothers, one 13 and one 15 years old
   c) two brothers both 13 years old

2 Their parents are:
   a) cruel towards them
   b) indifferent towards them
   c) strict

3 Their parents don't allow them to watch television:
   a) ever
   b) during the week
   c) during weekends

4 When they watch television:
   a) their parents hide themselves
   b) their parents hide the television
   c) their parents get very angry

5 Their school friends:
   a) laugh at them
   b) tell them about the programmes
   c) invite them to watch television

6 They want to know:
   a) if watching television is bad
   b) if they should talk to their parents
   c) if there is a solution

In the exam, you can only listen twice but at this stage, listen as many times as you need to. Read the questions carefully before listening to the cassette.

14 Lee esta carta. ¿Qué problema tiene la lectora?

MIS PADRES ME CASTIGAN

¡Necesito ayuda! Soy una chica de 13 años con un grave problema: me han castigado. Sí, ya lo sé, a todos nos castigan pero a mí me han castigado muy severamente. Mis padres lo hacen a menudo. Por favor, dadme un consejo para hacerles entrar en razón. No quiero pasarme la vida así.

How about you? Do you get on well with your family? Are your parents strict? Do you sometimes have small rows? Some typical problems might be:

Mis padres dicen que veo demasiadas horas de tele al día. Yo no estoy de acuerdo. Necesito ver la tele para relajarme. Deberían dejarme en paz.

Mi madre dice que llego demasiado tarde después de salir con mis amigos. No entiendo su actitud. Todos mis amigos llegan a la misma hora. Debería dejar de preocuparse.

Necesito más dinero para comprar ropa y salir con mis amigos. Mis padres dicen que tengo que trabajar para ganar dinero. ¿Cómo puedo trabajar y estudiar al mismo tiempo?

Mi hermano menor no tiene que ayudar en casa pero yo sí. No es justo. Yo tengo que fregar y hacer las compras mientras que él no hace nada. Debería ayudar también.

Write a letter in Spanish about your relationship with your family and describe the problems that sometimes occur.

> Use the useful phrases in the vocabulary section on page 20 as well as the *Práctica* in Unit 6 (page 59) to help you.

15 Read this letter which appeared in a magazine and answer the questions:

1 Is this a boy or a girl writing?
2 How old is he/she?
3 What is his/her great advantage in life?
4 What is his/her disadvantage in life?
5 Does he/she have to study more or less than his/her brothers and sisters?
6 Why does he/she want to be like his/her older sister?
7 How does he/she feel?

'Soy guapa, pero me falta inteligencia'

Tengo 17 años y soy la menor de cuatro hermanos. Todo el mundo dice que soy la más guapa, pero yo sé que también soy la menos inteligente. Los tres sacan siempre muy buenas notas y yo me tengo que esforzar muchísimo para conseguir un simple aprobado. Mi hermana mayor, de 23 años, me dice que soy preciosa y que siente por mí una envidia sana, pero yo cambiaría mi belleza por su inteligencia sin dudarlo. El problema es que considerarme la menos inteligente de la familia me hace estar muy deprimida. ¿Qué me aconseja? Espero su respuesta. Gracias.

16 **A** Look at the two photos of a Spanish television presenter. Make two lists with the following sentences describing what she used to look like and what she looks like now.

Era tímida.   Tenía el pelo largo y oscuro.   Lleva ropa de moda.

Tiene el pelo más corto y más rubio.   Estaba más gorda.   Es más guapa.

Es más extrovertida.   Vestía discretamente.

B Write down the three verbs which are in the present tense and then write down the equivalent in the imperfect tense.

Example: Tiene   Tenía

Then write down the four verbs that are in the imperfect tense and write down the equivalent in the present tense.

Then, write a letter to pen pal describing what you used to look like when you were a child and what you look like now.

> Use the verb table (pages 126–129) to help you.

AYER   HOY

Su actual aspecto físico, que ha mejorado con el tiempo, le da a Nieves Herrero una personalidad que no tenía cuando era «chica Hermida».

Práctica

Use of the present tense

1 Write down the appropriate form of the present tense.

Ser

Me llamo Pedro. (Ser) español. Mi madre (ser) de Madrid pero mi padre (ser) de Valencia. Los dos (ser) muy amables. (Ser) todos muy simpáticos y (ser) una familia muy unida. Y tú ¿de dónde (ser)? ¿(Ser) una familia muy grande?

Estar

Mi casa (estar) en el centro de la ciudad pero mi colegio (estar) en las afueras. Afortunadamente la estación de metro y la parada de autobuses (estar) cerca de mi casa. En este momento (estar) contento porque mi familia y yo (estar) haciendo planes para las vacaciones. Y tú ¿qué tal (estar)? ¿Y tu familia? ¿(Estar) todos bien?

Tener

(Tener) una familia bastante grande. (Tener) dos hermanos y dos hermanas. Mi hermano mayor (tener) dieciocho años y mi hermano menor (tener) trece años. Mis hermanas (tener) diez y ocho años. Mis hermanos y yo (tener) un perro. Y tú ¿(tener) hermanos o hermanas? ¿(Tener) animales en casa?

Hacer

Yo (hacer) los deberes cuando llego a casa pero mis hermanos siempre (hacer) los deberes muy tarde por la noche. Luego ayudo a mi madre cuando (hacer) la comida. Los domingos nosotros (hacer) una excursión. Y tú ¿qué (hacer) los domingos? ¿Vosotros (hacer) algo especial?

Ir

Me gusta salir con amigos. (Ir) con ellos todos los viernes al cine. Luego (ir) todos a la discoteca. Mi hermano mayor (ir) con sus amigos a tomar una copa. Mis padres (ir) a veces al teatro. Y tú ¿(ir) a veces al cine o al teatro? Si sales con tus amigos ¿adónde (ir)?

2 Write down the appropriate form of the present tense.

1 Cuando voy al restaurante siempre (comer) pescado.
2 El autobús siempre (llegar) tarde.
3 Mis padres (preparar) la comida juntos.
4 Mi hermana y yo (salir) todos los viernes con nuestros amigos.
5 Mis padres (beber) vino tinto todos los días.
6 Me gusta leer pero sólo (leer) revistas.
7 ¿(Poder) decirme dónde vives?
8 Normalmente (volver) del colegio a las cuatro.
9 Tu familia y tú (poder) venir a mis casa.
10 El profesor siempre (poner) muchos deberes.

3 Complete the sentences with the verbs below.

1 _____ libros de ciencia ficción.
2 Mi familia y yo _____ de vacaciones a Grecia este año.
3 Cuando estoy de exámenes _____ mucho todos los días.
4 Me gustaría ver la película pero antes _____ el libro.
5 Mis amigos y yo _____ juntos todos los fines de semana.
6 Vamos en autobús pero _____ en taxi.

| tengo que estudiar | suelo leer | solemos salir | tenemos que volver | queremos ir | quiero leer |

Vocabulario

la familia	family
la abuela	grandmother
el abuelo	grandfather
la hermana	sister
el hermano	brother
la hermanastra	stepsister
el hermanastro	stepbrother
la hija	daughter
el hijo	son
la hijastra	stepdaughter
el hijastro	stepson
la madre	mother
el padre	father
la madrastra	stepmother
el padrastro	stepfather
la mujer	wife
el marido	husband
la nieta	granddaughter
el nieto	grandson
los padres	parents
la prima	cousin (f)
el primo	cousin (m)
la sobrina	niece
el sobrino	nephew
la tía	aunt
el tío	uncle

Te presento a...	May I introduce you to...
¡Mucho gusto!	Pleased to meet you
Encantado/a	Pleased to meet you

estar casado/a	to be married
estar divorciado/a	to be divorced
estar muerto/a	to be dead
ser soltero/a	to be single

Me llevo bien con...	I get on well with...
Me llevo mal con...	I don't get on well with...
Me tratan como a un adulto.	They treat me like an adult.
Mi familia me respeta.	My family respects me.
Me peleo mucho con mi hermano.	I fight a lot with my brother.
Discutimos mucho en casa.	We argue a lot at home.
Mis padres me regañan.	My parents tell me off.
Mis padres me castigan.	My parents punish me.

descripciones	descriptions
Tengo...	I have...
los ojos azules	blue eyes
grises	grey eyes
marrones	brown eyes
negros	black eyes
verdes	green eyes

el pelo blanco	white hair
castaño	dark brown hair
corto	short hair
gris	grey hair
largo	long hair
liso	straight hair
negro	black hair
pelirrojo	red hair
rizado	curly hair
rubio	fair hair

ser calvo/a	to be bald
ser delgado/a	to be slim
ser gordo/a	to be fat
ser alto/a	to be tall
ser bajo/a	to be small
no ser ni alto/a ni bajo/a	to be neither tall nor small

ser agradable	to be pleasant
ser animado/a	to be lively
ser antipático/a	to be unfriendly
ser bueno/a	to be good
ser desagradable	to be unpleasant
ser extrovertido/a	to be extrovert
ser malo/a	to be bad
ser perezoso/a	to be lazy
ser reservado/a	to be reserved
ser simpático/a	to be friendly
ser sociable	to be sociable
ser tímido/a	to be shy
ser trabajador(a)	to be hard-working

tener mucho carácter	to have a strong character
estar de buen/mal humor	to be in a good/bad mood
tener el mismo carácter que...	to have the same character as...

1 A Listen to what four young people do in their free time. Choose two activities for each person.

María Luisa

Nacho

Javier

Pilar

a

b

c

d

e

f

g

h

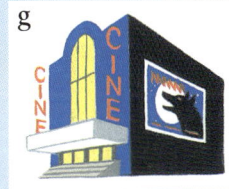

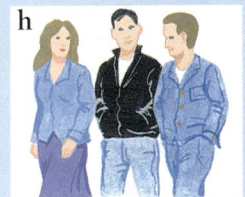

B Practise answering this question with your partner:

¿Qué te gusta hacer en tu tiempo libre?

Me gusta ...   Me encanta ...   Me interesa ...   Salgo ...   Voy a ...   Toco ...

2 Listen once more to María Luisa, Nacho, Javier and Pilar talking about sport and then write down the answer to the following questions for each person:

1 What sport do they like?
2 What sport do they play?
3 How many times a week?

3 Look at this list of best films according to four journalists from:

1 Teleprograma
2 Fotogramas
3 El País
4 ABC.

Listen to these comments (a–h) about the films and write down in each case which journalist you think is talking (1–4).

PELÍCULAS
OPINIÓN DE LA CRÍTICA

Muy buena 😊   Regular 😐

Buena 🙂   Mala 😡

	1 Tele-programa	2 Foto-gramas	3 El País	4 ABC
Pesadilla antes de navidad	Muy buena	Muy buena	Buena	Muy buena
Ladybird, Ladybird	Muy buena	Muy buena	Buena	Muy buena
Forrest Gump	Muy buena	Muy buena	Muy buena	Regular
Rojo	Regular	Muy buena	Muy buena	Muy buena
El Rey León	Muy buena	Muy buena	Regular	Regular
El detective y la muerte	Muy buena	Muy buena	Mala	Regular
Alegre ma non troppo	Muy buena	Muy buena	Buena	Buena
Mentiras arriesgadas	Buena	Muy buena	Buena	Buena
Cuatro bodas y un funeral	Muy buena	Buena	Regular	Buena
El gran salto	Buena	Muy buena	Regular	Buena

4 A Read the letter that Elena writes to her pen pal Paul and answer the questions:

¡Hola Paul!
Sólo quiero recordarte que cuando vengas a España no se te olviden tus zapatillas de deporte. Vamos a poder jugar al baloncesto con mis amigos. Juego al baloncesto dos o tres veces a la semana. También voy a la piscina todos los días, así que no se te olvide el bañador. Pertenezco a un club de deportes aquí en el pueblo. ¡Está fenomenal! Por cierto, ¡no te olvides la raqueta!

Hasta muy pronto,
Elena.

Sol%

1 Elena writes to him: **a)** to invite him **b)** to remind him **c)** to tell him off **d)** to apologise

2 Elena loves: **a)** reading **b)** games **c)** sport **d)** painting

3 Why will he need his swimming costume?

4 Elena and Paul will also: **a)** play tennis **b)** play golf **c)** go cycling **d)** do athletics

B Practise answering the following questions with a partner:

1 ¿Perteneces a algún club deportivo?
2 ¿Qué deportes te gustan?
3 ¿Qué deportes practicas?
4 ¿Cuántas veces a la semana?
5 ¿Juegas en un equipo?

5 Read the beginning of this letter and then practise answering the questions.

¡Hola! Soy tu nuevo amigo por correspondencia. ¿Qué tal? Te escribo para contarte mis intereses. Me encanta leer. Suelo comprar libros en la librería y leo antes de dormir por las noches. Me gustan mucho los libros de ciencia ficción y tengo una colección

1 ¿Te gusta leer?
2 ¿Qué tipo de libros te gustan?
3 ¿Compras los libros en la librería o los sacas de la biblioteca?
4 ¿Cómo se llama el último libro que has leído?

6 A Look at this advertisement for a play.

1 What is the play called?
2 Where is the theatre?
3 With this advertisement can you obtain a free seat or a cheaper seat?
4 This offer is not valid on Fridays. True or false?

B Practise answering these questions:

1 ¿Te gusta ir al teatro?
2 ¿Qué prefieres, el teatro o el cine?

TEATRO ALCAZAR
Alcalá 20 - Teléfono 5320616 - Madrid
Silvia Marsó   Andoni Ferreño   con Victor Valverde
EL AMOR es un POTRO DESBOCADO
de LUIS ESCOBAR
Blanca Sendino
en el ama colaboración
Ana Maria Barbany
VALE por una BUTACA PATIO
PRECIO REDUCIDO
valedero para todos los días
a canjear el mismo día de su utilización
Dirección Juan Carlos Pérez de la Fuente
Una producción JUANJO SEOANE

7 Invite your friend to do something with you.

Invitaciones

piscina 10.30 la piscina	museo 4.00 el centro	bar 9.00 el bar	restaurante 9.30 mi casa
cine 4.00 el cine	biblioteca 2.30 el colegio	casa de amigos 8.00 la parada de autobuses	teatro 8.45 mi casa
pista de hielo 3.00 entrada	fiesta 7.30 tu casa	discoteca 11.00 entrada	concierto sábado / 8.00 tu casa

Use the following dialogues as a model:

Example of accepting:

A: ¿Quieres ir al museo esta tarde?
B: Sí, ¿a qué hora?
A: A las cuatro.
B: ¿Dónde quedamos?
A: En el centro.
B: Muy bien, hasta luego.

Example of refusing:

A: ¿Quieres ir a la biblioteca esta tarde?
B: Lo siento, no puedo. Tengo que ayudar en casa.
A: Bueno, quizá mañana. ¡Adiós!

Pretextos

		No tienes dinero	Quieres ver una película en la tele
Tienes catarro	Es aburrido	Prefieres quedarte en casa	Tienes muchos deberes en casa
Estás cansado/a	Tienes que ayudar en casa	Tienes que levantarte temprano mañana	Tienes que cuidar de tu hermano/a
No te gusta	Estás enfermo/a		

8 **A** You want to go to the cinema this afternoon. Put the following dialogue in the correct order and practise it with your friend.

1 ¿Qué película ponen esta tarde?
2 ¿A qué hora empieza la película?
3 ¿Cuánto cuesta una entrada?
4 ¿Quedan entradas para la sesión de la tarde?
5 Deme dos entradas para el Rey León, por favor.

a Empieza a las ocho y cuarto.
b Muy bien. Son 1.300 pesetas.
c Ponen el Rey León.
d Una de patio cuesta 650 pesetas.
e Sí, todavía quedan.

B Practise the dialogue several times but each time change the details.

```
        BENLLIURE
      ALCALÁ, 106, MADRID
      EL REY LEON
  SALA      SESIÓN        FECHA
   1        20:15        25-1-96
               PATIO
  F : 12  B : 10
            IVA incluido 6%
  PVP: 650 PTS – NORMAL
```

9 **A** Look at these extracts from a television guide and read the answers (1–8) of a questionnaire about favourite programmes.

> 1 Me gustan los programas donde se puede ganar premios.
> 2 Me encantan los programas con muchos episodios.
> 3 Me gustan los programas con historias de amor y traición de muchos episodios.
> 4 Me interesan los programas de ejercicio físico y de competición.
> 5 Prefiero los programas con mucha variedad: entrevistas, actuaciones musicales, reportajes.
> 6 Lo que más me gusta son los programas para niños.
> 7 Me gustan los programas educativos con los cuales pueda aprender algo.
> 8 Me encantan los largometrajes de cine recientes.

Then, for each person (1–8) answer the following questions (a–d):
a) Which programme(s) from the guide would you recommend?
b) What day?
c) At what time?
d) On what channel?

Example:

1 a Concurso b viernes c 15.00 d TVE 2

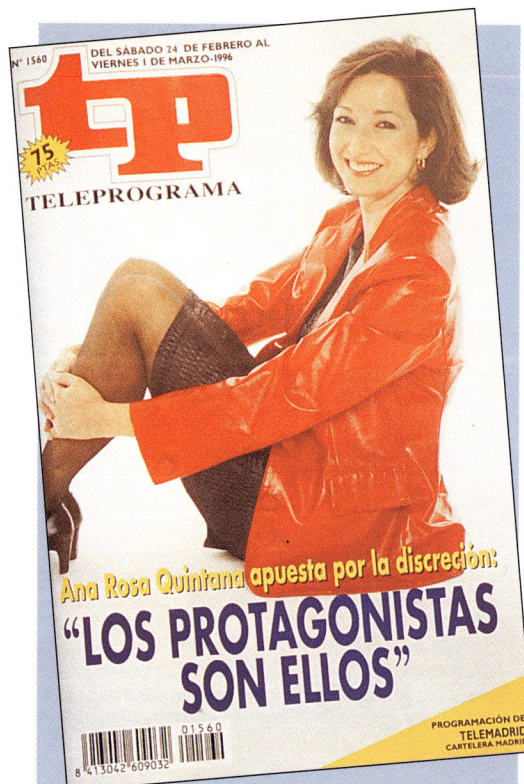

Check your knowledge of verbs in the third person singular in the verb table on pages 126–129.

B Practise answering the following questions:
1 ¿Te gusta ver la tele?
2 ¿Cuántas horas al día ves la tele?
3 ¿Qué tipo de programas te gustan?

10 Read this letter of complaint about television and answer the questions:

1 The new Tele 5 slogan means that:
   a) there will no longer be as many advertisements on this channel
   b) The advertisement break will be shorter

2 During the film "El Imperio Contraataca", the first advertisement:
   a) was three minutes and forty five seconds into the programme
   b) lasted three minutes and forty five seconds

3 The author of the letter:
   a) is confused
   b) is angry
   c) is indifferent

Carta de la semana

Indignación con TELE 5

A la semana de comenzar su nueva campaña, con el eslogan "Tele 5, ahora con menos anuncios", esta cadena ha batido todos los récords.

A los tres minutos y cuarenta segundos de comenzar la película *El Imperio Contraataca*, títulos de crédito incluidos, insertaron la primera pausa publicitaria. ¿Cómo se come esto? ¿Con paciencia o con la más absoluta indignación?

11 **A** Read this letter written by a group of boys from Arganzuela in Madrid.

1 How many boys signed this letter?
2 What do these boys love doing?
3 The boys don't have anywhere to play football. True or false?
4 They play football in the park of Arganzuela with their parents. True or false?
5 Why don't their parents give them permission to play in the park?
6 What is their proposal?

B Choose the correct summary for the letter:

a Los chicos se quejan de que no tienen permiso para jugar al fútbol donde quieren y que el único campo de fútbol público es demasiado pequeño. Dicen que deberían construir un nuevo campo de fútbol en lugar del proyecto de casas nuevas.

b Los chicos se quejan de que no hay sitio donde jugar al fútbol debido a que el parque más cercano está demasiado lejos y no hay otro campo. Dicen que deberían construir un campo de fútbol cerca de las casas nuevas.

"No nos dejan jugar al fútbol"

"¡Hola! Somos un grupo de chicos de aficionados al fútbol. Tenemos un problema. No podemos jugar en ningún sitio al fútbol. A todos los sitios que vamos nos echan.

Todo el mundo nos dice que nos vayamos al Parque de Arganzuela, pero nuestros padres no nos dejan ir, debido a que está muy lejos. Por eso queríamos que nos hiciesen un campo de fútbol público aunque sea pequeño.

Somos muchos los que queremos este proyecto. Ya que están construyendo casas nuevas, podríamos aprovechar la ocasión de tener un sitio para jugar al fútbol. Esperamos que nos escuchen. Un saludo a todos"

Arám, Adrián, Lorenzo, David, Yessy, José Manuel, Lucas, José Luis, Luis Enrique....

12 During a visit to Spain you had a great time. Write down in your diary what you did each day.

LUNES	JUEVES
MARTES	VIERNES
Fui al cine donde vi una película.	
MIÉRCOLES	SÁBADO
	DOMINGO

13 **A** Listen to the description of one of the advertised concerts and put the notes in the correct order:

CONCIERTOS

Las actuaciones musicales que llegan

Día 14 de febrero, miércoles
Black Crowds – Barcelona
Día 15 de febrero, jueves
REM – San Sebastián
Día 16 de febrero, viernes
REM – Madrid

a una cola
b la llegada al concierto
c la música
d la fecha del concierto
e la opinión sobre el concierto
f problemas con los billetes
g el viaje al concierto
h el grupo
i el público

> Listen several times to the cassette and make notes of the key phrases. Use these notes to write your own description in 13B.

> Check your knowledge of the preterite tense in the verb table on pages 126–129 and use the Práctica on page 27 to help you.

B Last Saturday you went to one of the advertised concerts. Describe what happened.

14 Write a letter in Spanish to a pen pal and describe what your interests are and what you do during your free time. Also explain what activities one can do in your area.

> *En mi barrio no hay nada que hacer. Carece de posibilidades para hacer deporte. No hay piscina, ni parque. Carece de oportunidades de ocio. No hay un cine, ni un bar. Deberían construir un cine...*

> *Pues, en mi barrio hay mucho que hacer para los jóvenes. Hay un centro deportivo donde se puedé hacer deporte. También hay un cine donde se puede ver películas recientes...*

15 Here are two letters about television. When you have read them write a letter in Spanish to your pen pal describing two programmes on British television and giving your opinions. Explain what is good about British television and what is not so good. Suggest what should be done to improve the quality.

u **Más películas de terror**
Soy un gran aficionado al género de cine de terror y me gustaría que alguna de las cadenas de televisión emitiera un ciclo de películas de Stephen King, por ejemplo; o que Antena 3 repusiera el espacio *Noche de lobos*, que estaba muy bien. Estoy seguro de que muchos telespectadores, al igual que yo, lo agradecerían.

u **Educativo 'Barrio Sésamo'**
Soy una niña de 11 años y no me pierdo nunca *Barrio Sésamo*. Es un programa educativo, original y muy divertido: además, te enseña cosas buenas y no tiene violencia, como otros.

> Use phrases from the stimulus letters in your own letter. Recycle language if you can.

Práctica

Use of the preterite tense

1 Change the verbs to the preterite tense

1 Los sábados voy al cine. (El sábado pasado...)
2 Normalmente hago mis deberes por la tarde. (Ayer por la tarde...)
3 Tengo hambre. (Ayer...)
4 Normalmente como mariscos en el restaurante. (Ayer...)
5 Normalmente bebo una limonada o una naranjada. (Ayer...)
6 Los viernes salgo a las ocho. (El viernes pasado...)
7 Vuelvo a las once. (Anoche ...)
8 Por la noche leo un libro. (Anoche...)
9 Veo la tele durante dos horas. (Ayer...)
10 Juego al fútbol los martes. (El martes pasado...)

2 Write down the correct form of the preterite tense

1 Ayer (ir) al cine con mi hermano.
2 Mi hermana (ir) a la discoteca.
3 Mis padres (ir) al teatro.
4 Ayer (hacer) mucho frío.
5 Anoche mi hermano no (volver) a casa hasta la una.
6 Mis amigos y yo (salir) al cine.
7 Me (gustar) la película.
8 Mis amigos (decidir) hacer los deberes antes de salir.
9 Yo (decidir) quedarme en casa.
10 Ayer mi hermana (perder) el autobús. (Tener que) coger un taxi.
11 El año pasado mi familia y yo (ir) de vacaciones a España. (Viajar) en avión. (Quedarse) en un hotel.
12 Yo (conocer) a mucha gente española.

3 Complete the following with the appropriate verb in the correct form

El otro día ___ al cine con mis amigos. Mis amigos y yo ___ enfrente del cine. ___ hacer cola pero primero ___ ir a una cafetería donde ___ una hamburguesa. La película ___ a las nueve y cuarto. ___ a un bar donde ___ una copa con unos amigos nuestros. Uno de los amigos nos ___ a la discoteca donde ___ hasta la una. ___ a casa a la una y media. Yo ___ un taxi, lo cual me ___ caro.

terminar	tomar	tener que	invitar	volver	comer
decidir	ir	quedar	costar	coger	encontrarse	ir

Vocabulario

actividades	*activities*
alquilar un vídeo	*to rent a video*
coleccionar sellos	*to collect stamps*
escuchar discos	*to listen to records*
leer libros	*to read books*
ver la tele	*to watch television*
ir al cine	*to go to the cinema*
ir a la discoteca	*to go to a disco*
ir al restaurante	*to go to a restaurant*
ir al teatro	*to go to the theatre*
tomar una copa	*to go for a drink*
hacer deporte	*to do sport*
hacer equitación	*to ride*
esquiar	*to ski*
hacer natación	*to swim*
jugar al baloncesto	*to play basketball*
jugar al fútbol	*to play football*
jugar al tenis	*to play tennis*
jugar en un equipo	*to play in a team*
ganar	*to win*
perder	*to lose*
pertenecer a un club	*to belong to a club*

el ocio	*leisure*
una película ...	*a film*
... de amor	*a romance*
... de aventura	*an adventure film*
... de ciencia ficción	*a science fiction film*
... de miedo	*a horror film*
... del oeste	*a western*
... policíaca	*a detective film*
un largometraje	*a full-length feature film*
un programa de televisión	*a television programme*
un programa deportivo	*a sports programme*
... informativo	*a news programme*
... musical	*a music programme*

una comedia	*a comedy*
un concurso	*a quiz show*
un debate	*a debate*
un dibujo animado	*a cartoon*
un documental	*a documentary*
un magazine	*a variety show*
un programa de entrevistas	*a chat show*
a menudo	*often*
a veces	*sometimes*
de vez en cuando	*now and then*
nunca	*never*
rara vez	*rarely*
siempre	*always*
una vez a la semana	*once a week*
tres veces a la semana	*three times a week*
anteayer	*the day before yesterday*
ayer	*yesterday*
esta semana	*this week*
hoy	*today*
la semana pasada	*last week*
la semana que viene	*next week*
mañana	*tomorrow*
pasado mañana	*the day after tomorrow*
por la tarde	*in the afternoon*

La región carece de oportunidades de ocio.	*There is a lack of leisure opportunities in the area.*
Deberían establecer un programa de ocio.	*They should set up a leisure programme.*
La ciudad carece de oportunidades de hacer deporte.	*The city lacks sports facilities.*
Deberían construir un polideportivo.	*They should build a sports centre.*
Hay una falta de programas educativos.	*There is a lack of educational programmes.*
Deberían emitir más programas informativos.	*They should broadcast more educational programmes.*

1 A Your Spanish friends have sent you some pictures of their houses (a–e) and a description of each house on tape. To whom does each house belong?

1 Sole
2 Miguel
3 Sergio
4 Ana
5 Paloma

a

b

c

d

e

B Choose one of the houses and describe it. Your partner has to guess which one it is.

Example: *Vivo en una casa grande y moderna...*

2 Sole is describing the rooms in her house. Listen and answer the questions.

1 How many rooms are there in total?
2 Where is the kitchen?
3 Where is Sole's bedroom?
4 Is there a garden?
5 Is there a garage?

3 Problems arise whilst moving house! The furniture is not in the right place. Correct the lists for each room.

La cocina
un estéreo
un fregadero
una butaca
un aparador
un televisor

El salón
una cocina de gas
una cama
un espejo
un sofá

El comedor
un armario
una nevera
un microondas
una mesita

El dormitorio
una mesa con sillas
una lavadora
un vídeo
un escritorio

MUDANZA

4 A José María is describing his house. Which one is it?

Study the pictures carefully and try to predict what you might hear for each one.

B Your partner chooses one of the houses. Ask questions to find out which one.

Example: *¿Qué hay en el salón?*

5 A Your pen pal's family is going to move. Read the following details about the family.

> Hay cinco en la familia.
> Tienen un perro.
> A su padre le gusta cuidar plantas.
> Su madre trabaja en el centro de la ciudad.

Which is the ideal flat or house for them?

a

4 dormitorios + 1 de servicio, 3 baños, salón y comedor, terraza, cocina grande, plaza de garaje.

b

2 dormitorios + 1 de servicio, 2 baños, salón-comedor, calefacción central, ascensor + monte-cargas, 2 plazas de garaje, cocina con terraza.

c

Chalet adosado, 3 dormitorios, salón-comedor con chimenea, 2 baños, jardín delantero y trasero. Piscina comuni-taria.

B Compare the two flats.

Example: *El piso A es más grande que el piso B. Tiene...*

6 A Read what these young people are saying and distribute the household tasks according to what they say.

Miguel:

> No me importa ayudar en casa, pero prefiero trabajar al aire libre.

Paloma:

> Soy una persona organizada; me gusta ordenar cosas.

Sergio:

> Me gusta invitar a cenar a mis amigos.

Ana:

> Odio las tareas domésticas. Prefiero ver la tele.

a limpiar los cristales
b planchar las camisas
c cuidar el jardín
d poner la mesa

e fregar los platos
f hacer las camas
g colocar la ropa en el armario
h lavar la ropa

i pasar la aspiradora
j preparar la comida
k lavar el coche
l hacer las compras

B Your pen pal has to help at home. You want to help too. Listen to what his/her mother says and write down which of the tasks (a–l) need to be done.

7 A Read the complaints of your pen pal and link the pictures to each complaint.

1 Siempre tengo que fregar los platos después de comer mientras que mi hermana ve la tele.
2 A veces tengo que hacer las compras mientras que mi hermana juega al tenis con sus amigas.
3 El sábado pasado tuve que cortar el césped mientras que mi hermana escuchaba música.
4 La semana pasada tuve que limpiar la casa mientras que mi hermana leía revistas.

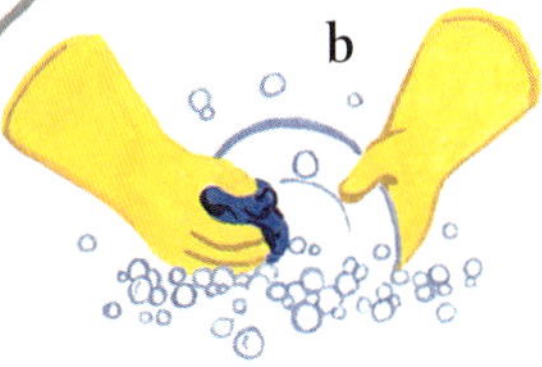

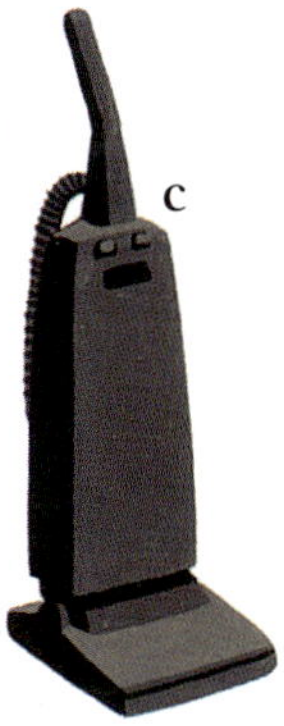

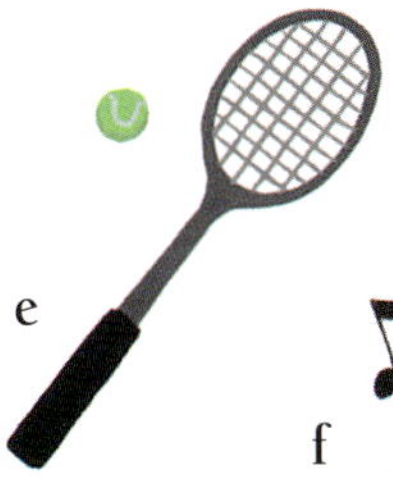

B Write a letter to your pen pal. You are angry because you always have to help at home whilst your younger brother/sister does nothing. Describe what you have to do to help.

> ¡Hola!
> ¡No hay derecho! Siempre tengo que ayudar en casa…

8 A Read Paco's letter and answer the questions (1–4)

Querida Marisol,

Le escribo para contarle los problemas que tengo con mi familia. Tengo ya quince años pero mis padres me tratan como si fuera un niño. Lo peor es que siempre me critican. Dicen que me levanto demasiado tarde. Suelo levantarme a las ocho y voy al colegio a las ocho y media. Dicen que necesito al menos una hora para ducharme, desayunar y prepararme para el colegio. A veces pierdo el autobús y se enfadan mucho. Por las tardes llego a casa sobre las seis y dicen que tengo que hacer los deberes en seguida. Yo prefiero salir con mis amigos. Vuelvo a casa bastante tarde y me regañan porque dicen que tengo que acostarme antes. Yo me acuesto a las doce.

El otro día mi madre entró en mi habitación y dijo que era una pocilga. Dijo que estaba harta de ver la ropa en el suelo y la cama deshecha. Según mi madre los libros y los discos nunca están en su sitio y el despertador ¡hay que buscarlo! Me critica porque dejo comida en el escritorio pero es que por las noches tengo hambre. Además, dice que mi dormitorio huele mal.

Le agradecería sus consejos y su apoyo,

Paco

1 How does Paco get on with his family?
2 How much time does he have in the morning to get ready?
3 Why does he go to bed late?
4 Why is his mother angry?

B Which of the following would Paco's parents tell him to do?

a ¡Haz la cama!
b ¡Lava el coche!
c ¡Coloca la ropa en el armario!
d ¡Friega los platos!
e ¡Lava la ropa!

f ¡Prepara la comida!
g ¡Levántate!
h ¡Pon el despertador en la mesilla!
i ¡Riega las plantas!
j ¡Organiza los libros y los discos!

k ¡Haz los deberes!
l ¡Date prisa!
m ¡Acuéstaste!
n ¡Abre la ventana!
o ¡Pon la mesa!

9 A Link the questions (1–4) about Paco's bedroom to his answers (a–d)

1 ¿Cómo es?
2 ¿Qué hay en tu dormitorio?
3 ¿Está ordenado?
4 ¿Te gusta?

a La mayoría del tiempo sí, pero a veces la ropa está en el suelo y la cama está deshecha.
b Es demasiado pequeño. Me gustaría tener una habitación más grande.
c Hay cuadros en las paredes y un escritorio cerca de la ventana.
d Tiene moqueta y las paredes están pintadas en verde.

B Now describe your own bedroom.

10 **A** Read the questions (1–5). Then listen to what your pen pal says about his/her daily routine and write down his/her answers to these questions:

1 ¿A qué hora te levantas?
2 ¿A qué hora desayunas?
3 ¿A qué hora vas al colegio?
4 ¿A qué hora vuelves a casa?
5 ¿A qué hora comes?
6 ¿A qué hora te acuestas?

B Practise answering these questions with a partner.

11 When you are staying with your pen pal you realise you have forgotten a few things. Ask if you can borrow them.

Example: *¿Puedes dejarme…?*

12 You want to help at home. Ask your friend if you can help.

Example: *¿Puedo…?*

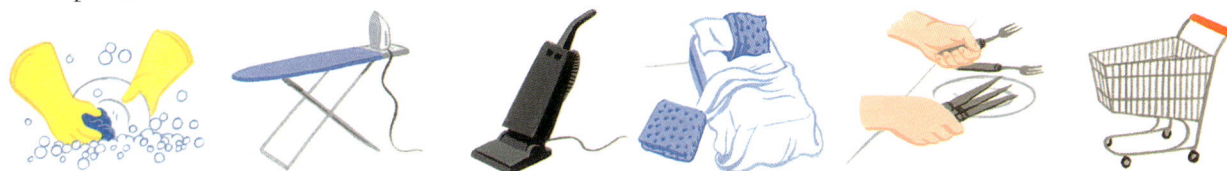

13 **A** Your pen pal asks you what you normally do on Saturdays with your family. Use the pictures to write down the answers. Then practise with a partner.

Example: *Normalmente me levanto a las nueve…*

B Change the times in the pictures and describe what you did last Saturday.

Example: *El sábado pasado me levanté a las nueve y media…*

C Change the times in the pictures and explain what you are going to do next Saturday.

Example: *El sábado que viene voy a levantarme a las diez..*

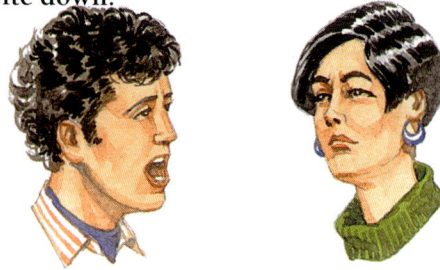

14 **A** Jesús and Arantxa want to buy a home. They have got problems because they do not agree. Listen to their conversation and write down:

1 Why Jesús prefers a house.
2 Why Arantxa prefers a flat.
3 The advantages of the flat.
4 The disadvantages of the flat.
5 The advantages of the house.
6 The disadvantages of the house.

B Listen once more and answer these questions:

1 How many advantages and disadvantages are their for each type of home?
2 According to this, which home should they buy?

15 Your pen pal's family wants to spend the summer in Scotland and wants to rent a house. Write a letter in Spanish explaining why house A is not suitable.

Add to the list of reasons given before writing your letter.

La casa A no es adecuada porque...

Es demasiado pequeña.
Es demasiado incómoda.
No hay garaje.
No hay teléfono.

La casa B es más adecuada porque...

Es más práctica.
Es más grande.
Tiene más dormitorios.
Tiene ducha y baño.

Describe another house which might be more suitable.

A

B

16 a) Describe the house or flat where you are living now.
    b) Describe your ideal house.

Mi casa —

Cuando sea mayor, quiero una casa que sea grande.

Cuando sea mayor, quiero una casa que tenga piscina.

Cuando sea mayor, quiero una casa que esté cerca del mar.

Práctica

Use of reflexive verbs

1 Write down the correct form of the present tense of the reflexive verb

1 Yo (levantarme) a las siete.
2 Mi hermano (levantarse) a las siete y media.
3 Mis padres (levantarse) a las ocho.
4 Los fines de semana (levantarse) todos muy tarde.
5 ¿A qué hora (levantarse) tú?
6 ¿Tu familia y tú (levantarse) tarde también los sábados?

2 Choose the reflexive verb and write down the correct form (*yo*) of the present tense.

1 Durante la semana .... a las siete.
2 .... diez minutos después de despertarme.
3 Voy al cuarto de baño y ....
4 Después, vuelvo a mi habitación donde ....
5 Luego .... para ir al instituto.

vestirse	levantarse	prepararse	ducharse	despertarse

3 Write down the correct form of the present tense.

Normalmente...

Normalmente (despertarse) temprano durante la semana para ir al colegio. (Levantarse) a las siete, (ducharse) y (vestirse) antes de desayunar. Mi hermano siempre (acostarse) tarde así que (levantarse) tarde también. Los fines de semanas (levantarse) todos bastante tarde porque no tenemos que trabajar o ir al colegio. Solemos salir por la noche y por eso (acostarse) tarde también.

4 Write down the correct form of the preterite tense

El fin de semana pasado...

El fin de semana pasado fui a una fiesta el viernes por la noche y (acostarse) muy tarde. Al día siguiente, (despertarse) a las once. Mi hermano (levantarse) todavía más tarde. Por la tarde jugamos al tenis con nuestros amigos y después (ducharse) y (vestirse) para salir otra vez. Fuimos al cine y volvimos a casa a medianoche. Mis padres (acostarse) antes.

5 Write down the correct form of the future tense (*Voy a* + infinitive)

El fin de semana que viene...

El fin de semana que viene voy a ir de excursión. (Levantarse) muy temprano el sábado, así que (acostarse) pronto el viernes. (Ducharse) el viernes por la noche para ganar tiempo.

Vocabulario

la casa	the house
un árbol	tree
un apartamento	small flat
la calefacción central	central heating
un chalet adosado	semi-detached house
un chalet individual	detached house
un césped	lawn
un cobertizo	shed
la cocina	kitchen
el comedor	dining room
el cuarto de baño	bathroom
el descansillo	landing
el desván	loft
el despacho	study
el dormitorio	bedroom
la escalera	stairs
un estanque	pond
una finca	property
una flor	flower
el garaje	garage
un jardín delantero	front garden
un jardín trasero	back garden
el lavadero	utility room
la pared	wall
el pasillo	corridor
un piso	flat
el salón	living room
el sótano	cellar
el suelo	floor
el techo	ceiling
el tejado	roof
la ventana	window
al lado de...	next to...
delante de...	in front of...
detrás de...	behind...
encima de...	on top of...
en medio de...	in the middle of ...
en la pared	on the wall
en el suelo	on the floor
en el rincón	in the corner

lo bueno / lo malo de la casa es...	the good / bad thing about the house is...
la casa de al lado	the house next door
el piso de arriba	the flat / floor upstairs
La casa es demasiado antigua.	The house is too old.
La casa tiene muchos defectos.	The house has a lot of defects.
La casa necesita reparaciones.	The house is in need of repairs.

la hora	time
Son las dos en punto.	It's exactly two o'clock.
Son las dos y pico.	It's a few minutes past two.
sobre las dos ⎫	
a eso de las dos ⎭	at about two o'clock

tareas domésticas	household tasks
cortar el césped	to cut the grass
fregar los platos	to do the washing up
hacer las camas	to make the beds
limpiar la casa	to clean the house
pasar la aspiradora	to vacuum
quitar el polvo	to dust
regar las plantas	to water the plants
trabajar en el jardín	to work in the garden
Tengo que ayudar en casa.	I have to help at home.
Me cuesta mucho ayudar en casa.	I find it difficult to help at home.
Las tareas domésticas son un rollo...	Household tasks are boring...

¿Dónde vives? 4

1 A Read the following information and study the map of Spain. Is it true or false? Correct the false sentences.

1 Barcelona está lejos de Madrid.
2 Sevilla está cerca de Madrid.
3 La Coruña está en el sur de España.
4 Valencia está en el este de España.
5 Zaragoza está en la costa sur de España.
6 Cáceres está lejos de la frontera con Portugal.

B Write six further examples using the map of Spain.

C Read the following sentences (1–6). Then listen to a description of the climate in Spain and correct the sentences if necessary.

1 En Santander durante el invierno hace mucho calor.
2 Durante el verano, Sevilla tiene un clima bastante húmedo.
3 Durante el verano, mucha gente va de vacaciones a la costa gallega para evitar el calor.
4 Los inviernos en Madrid pueden ser muy fríos pero en verano hace mucho calor.
5 Durante el verano en Málaga hace mucho calor pero en invierno hace frío y llueve mucho.
6 En el norte de España hace tanto calor en verano como en el sur de España.

D Practise the following questions with a partner:
¿Dónde vives?
¿Dónde está situado?
¿Cuántos habitantes hay?
¿Cómo es el clima?

> To answer the last question listen to the recording again and make notes of the language used to talk about the weather.

2 **A** Look at the postcards and read the texts.
Which postcard belongs to which text?

a

b

c

d

1 ¡Saludos desde este pueblo típico y tranquilo con casas antiguas y calles estrechas!

2 ¡Recuerdos desde esta región rural cerca de las montañas!

3 ¡Un abrazo desde esta gran ciudad donde hay edificios modernos y antiguos y mucho tráfico!

4 ¡Saludos desde esta ciudad turística cerca del mar!

B Practise answering this question.
¿Cómo es la región donde vives?

3 **A** Listen to four young people describing where they live.
What is there in the towns or villages where they live?

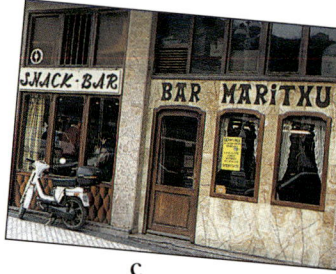

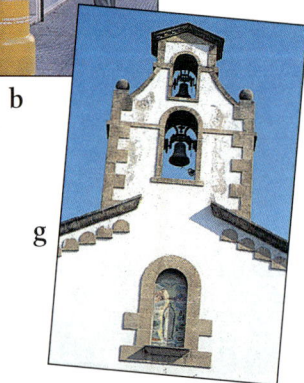

a

b

c

d

e

f

g

h

i

j

1 Clara
2 Jorge
3 Alfonsa
4 Eduardo

B Practise answering these questions.
¿Qué hay en tu pueblo o en tu ciudad?
¿Qué falta?
¿Qué debería haber?

Listen several times to the recording and make notes of how the young people talk about their area before answering B.

4 A Study the plans of Benidorm and Lugo.

Benidorm

Av. de Alfonso Puchades
Parque de l'Aigüera
Av. de la Comunidad Valenciana
C. del Esperanto
C. de Jaén
Calle de Lepanto
Av. del Mediterráneo
Cruz Roja
Playa de Levante
Av. de Madrid
Puerto
MAR MEDITERRANEO

Lugo

Río Miño
Ronda del Carmen
Pabellón Municipal de Deportes
Parque de Rosalía de Castro
Ronda de los Deportes
Ciudad Cultural
Avda. Ramón Herreiro
Gobierno Militar
Plaza Ferrol
Plaza Campo Castelo
C. San Roque
Muralla

🏠 Hoteles   🍽 Bares y restaurantes   🛍 Compras y visitas   🍷 Terrazas y copas

Listen to these eight comments which compare the two cities.
Which of the statements are true according to the plans?

B Compare your region or city with others.
Compara tu región o tu ciudad con otras.

Make notes of the kind of language used in the recording before answering B.

5 A Listen to the dialogues and identify the places A–G.

C   D
B
Plaza Mayor
Calle Larios
Avenida de los Rosales   E
A
F
Calle Miguel Delibes
G
Estás aquí

B Complete and practise the following dialogues with a partner using the plan.

1 Perdone, ¿por dónde se va a Correos?
2 Perdone, ¿hay un bar cerca de aquí?
3 Perdone, ¿por dónde se va al supermercado?
4 Perdone, ¿hay un banco por aquí?
5 Perdone, ¿por dónde se va al museo?
6 Perdone, ¿hay una parada de autobuses cerca de aquí?
7 Perdone, ¿dónde está la estación de metro más cercana?
8 Perdone, ¿dónde está la calle Miguel Delibes?
9 Perdone, ¿dónde está la Avenida de los Rosales?
10 Perdone, ¿por dónde se va a la Plaza Mayor?

6 **1** Which is the correct way of asking for this item?
   a ¿Tiene un plano de Madrid?
   b ¿Tiene un folleto de Madrid?
   c ¿Tiene una guía de Madrid?

   2 What kind of information does it contain?

   3 How many guides of this type are there on Madrid?

Una guía sencilla y completa de cada zona de Madrid para todos aquellos que deseen acercarse a la historia, el arte, la arquitectura, las calles y los personajes. Cada una de las diez guías tiene planos y un recorrido concreto de la zona. Edita Fundación Caja de Madrid.

Madrid de los Austrias

7 **A** Read this article about Madrid. Link the photos (a–k) with the numbers (1–11) in the text.

¡Madrid, claro que sí!

MADRID no es una ciudad grande sino enorme. Es la capital de España y la sede del gobierno con más de tres millones de habitantes. Además de los madrileños mismos, españoles de toda España viven y trabajan aquí. Está situada en el centro de España a una altura de 600 metros. La ciudad cuenta con un aeropuerto internacional y varias estaciones de ferrocarril, y una extensa red de transporte público (autobuses y metro) (1).

Es una ciudad pintoresca. Su fuerza y personalidad hacen de Madrid una ciudad inolvidable, y sus abundantes recursos turísticos – naturaleza, arte, historia – atraen visitantes no sólo de toda España sino de todo el mundo. En 1992, Madrid fue la capital cultural de Europa. Tiene museos famosos como El Museo del Prado que contiene obras de arte españolas y extranjeras (2). También hay muchos monumentos preciosos como por ejemplo La Puerta de Alcalá (3). Juntos a edificios antiguos de gran interés histórico (4) hay otros modernos, también de indudable valor que constituyen el Madrid moderno (5).

Aunque no hay muchos parques en el centro de Madrid, los que hay son muy grandes. Por ejemplo El Parque del Buen Retiro es precioso. Sus avenidas principales están rodeadas de flores y árboles (6). También hay un estanque en el que se puede practicar el deporte del remo (7).

En las afueras de la ciudad se encuentra un parque enorme que se llama la Casa de Campo donde hay muchas posibilidades de hacer deporte. Tiene bosques, un gran lago, con barcas para el deporte y otras instalaciones deportivas: piscina, tenis, etcétera. Incluso hay un parque zoológico y un moderno parque de atracciones (8).

La ciudad tiene un casco comercial importante. En el centro se combinan los grandes almacenes como El Corte Inglés y Galerías Preciados, con tiendas especializadas y las mejores boutiques (9). No faltan las distracciones y las oportunidades de ocio tales como bares y discotecas, cines y teatros, y conciertos de música moderna, clásica o flamenca (10). Madrid, además de contar con restaurantes modernos, posee numerosos restaurantes típicos que ofrecen al cliente las especialidades de la cocina española (11).

B True or false?

1 Madrid es la ciudad más importante de España.
2 Es difícil viajar por Madrid por la falta de medios de transporte.
3 Los turistas en Madrid son en su mayoría españoles.
4 Madrid es una ciudad cultural.
5 Madrid carece de oportunidades deportivas.
6 Madrid cuenta con muchas tiendas grandes y pequeñas.

C Answer these questions:

1 Who lives in Madrid?
2 Why is Madrid important?
3 Why are there so many tourists in Madrid?
4 If you want to go out during the day in Madrid, what can you do?
5 If you want to go out at night in Madrid, what can you do?

8 A You are in the underground station of Tribunal and you want to go to the Corte Inglés department store in Preciados (Sol). Link up the following sentences to make a dialogue.

1 Para ir al Corte Inglés dePreciados ¿qué línea es?
2 ¿Hay que hacer transbordo?
3 ¿Dónde tengo que bajarme?

a No hay que hacer transbordo.
b Tiene que bajarse en la estación de Sol.
c Es la línea uno, dirección Miguel Hernández.

La **red del ferrocarril metropolitano de Madrid (Metro)** cuenta con 10 líneas en funcionamiento, además del ramal Opera-Norte, con una longitud de 114,4 km correspondiente a 123 estaciones.

El **horario de servicio** al público es de 6:00 de la mañana a 1:30 de la madrugada, durante todos los días del año, sean laborables o festivos y para todas las estaciones, excepto Ciudad Universitaria, cuyo horario está restringido a los días lectivos.

Existen dos **tipos de billetes**, además del Abono Transportes:
– El billete sencillo de utilización para un viaje, de precio 125 PTA.
– El billete para diez viajes o bonometro, cuyo precio es de 600 PTA.
Ambos billetes se adquieren en el vestíbulo de entrada a las estaciones de la red de Metro, bien en la taquilla o en las máquinas expendedoras.

ABONO ✱✱✱✱ TRANSPORTES

De utilización ilimitada durante un mes en todas las líneas de autobuses, la red ferroviaria de cercanías y la red de metro dentro de la zona de validez.
Información del Abono Transportes: 580 45 40
Servicio de Información de transportes   580 19 80

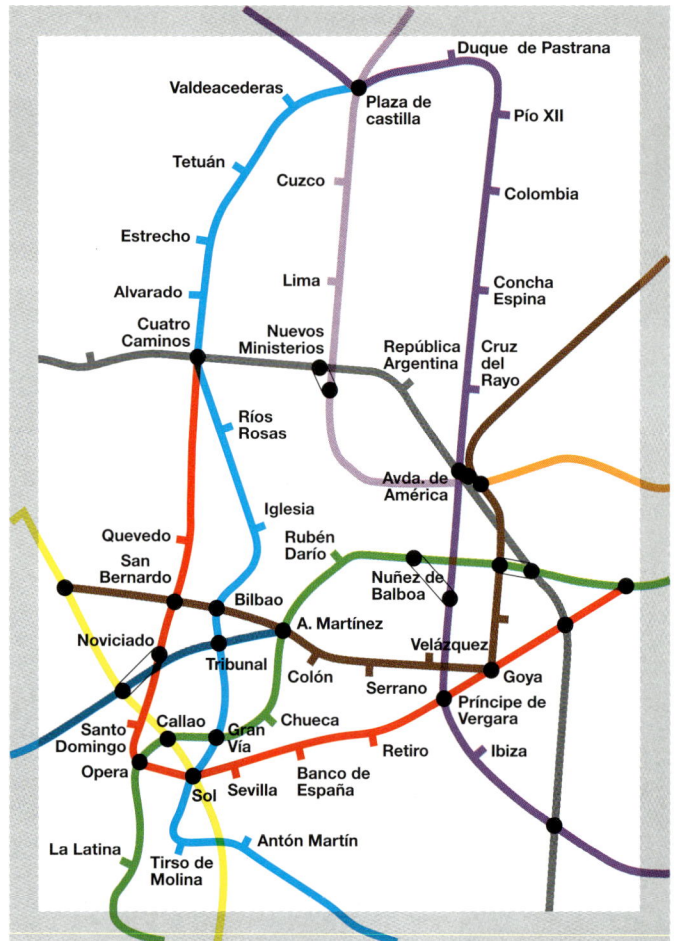

9 Read the information about the Madrid underground and answer the questions.

1 How many lines are there?
2 How many stations are there?
3 At what time does the underground close?
4 Is the station at the university campus open on public holidays?
5 What works out cheaper, buying single tickets or the Bonometro?
6 Can you buy a ticket if the ticket counter is closed?
7 With which three means of transport can you use the Abono Transportes?
8 What number should you ring to get information about the times?

10 Listen to Señor Ruiz. Write down five reasons why he prefers to live in the country side.

11 Your school is starting an exchange with a Spanish school. Before their visit, write a letter in Spanish describing the region where you live. Mention what there is, the good things and the bad things, and recommend some leisure activities (sport, culture, food, etc).

Use both the Práctica on page 43 and the vocabulary section on page 44 to give you ideas.

Práctica

Use of articles and adjectives

1 Choose the correct article.

1 En el pueblo hay (un/una/el/la) bar.
2 (Un/Una/El/La) parque está en el centro del pueblo.
3 (Los/Las) tiendas son muy buenas.
4 (Un/El/Los) medios de transporte público son muy malos.
5 Vivo en (unos/unas/los/las) afueras de la ciudad.
6 Hay (los/las/unos/unas) grandes almacenes cerca de (el/la) estación.
7 (El/La/Los/Las) región tiene (el/la/un/una) clima suave.
8 En (el/la) barrio hay (un/una/unos/unas) bares pero no hay restaurantes.
9 (El/La) gasolinera está cerca pero no hay (un/una/el/la) garaje.
10 Todos (los/las/unos/unas) pueblos y todas (los/las/unos/unas) aldeas son interesantes.

2 Choose the correct articles in each case

1 (El/La) casa está enfrente (del/de la) restaurante.
2 (El/La) avenida América está cerca (de los/de las) jardines públicos.
3 (El/La) estación está detrás (del/de la) estanco.
4 Para ir (al/a la) tienda hay que coger (el/la) metro.
5 Para ir (al/a la) centro tome la primera a la derecha.
6 (El/La) centro comercial está lejos (del/de la) estación.
7 (El/La) estación está a dos kilómetros (del/de la) centro.
8 ¿Por dónde se va (al/a la) teatro?
9 ¿Por dónde se va (al/a la) oficina de turismo?
10 (El/La/Los/Las) tiendas están (al/a la) final (del/de la) paseo.

3 Choose the correct form of the adjectives

1 Mi ciudad es muy (bonito/bonita).
2 Mi región es muy (pintoresco/pintoresca).
3 Mi pueblo no es tan (bonito/bonita) como el pueblo vecino.
4 Hay (muchos/muchas) tiendas.
5 Hay (pocos/pocas) oportunidades de ocio.
6 La parte (antiguo/antigua) de la ciudad es (interesante/interesantes).
7 Las calles son muy (estrechos/estrechas) y hay (mucho/mucha) tráfico.
8 Prefiero las ciudades (modernos/modernas) a las (antiguos/antiguas).
9 La oficina de correos es demasiado (pequeño/pequeña).
10 Los parques son más (atractivos/atractivas) en primavera.

4 Write down the correct form of the adjectives

1 Hay parques (precioso) con árboles (verde) e (impresionante).
2 Las calles son bastante (ancho) así que no hay (mucho) problemas de tráfico.
3 El paisaje de la región es (bonito) pero un poco (monótono).
4 El pueblo tiene casas (típico) de la región con muros (blanco).
5 El metro de Madrid es (rápido) y (práctico).

Vocabulario

geografía	geography
una aldea	small village
el campo	countryside
el centro	centre
el condado	county
la ciudad	city
la costa	coast
el este	east
la montaña	mountain
el norte	north
el noreste	north-east
el noroeste	north-west
el oeste	west
el sur	south
el sureste	south-east
el suroeste	south-west
la provincia	province
un pueblo	small town / village
la región	region
la sierra	mountains

en el centro de	in the centre of
en las afueras de	in the outskirts of
en el barrio de	in the area of
cerca de	near (to)
lejos de	far from
a cincuenta kilómetros de	50 kilometres from

un bar	bar
una biblioteca	library
un centro comercial	shopping centre
una discoteca	disco / nightclub
un estanco	tobacconist's
una fábrica	factory
una gasolinera	petrol station
los grandes almacenes	department store
una iglesia	church
un monumento histórico	historic monument
una oficina de correos	post office
un parque	park
un polideportivo	sports centre
un polígono industrial	industrial estate
un quiosco de prensa	newsagent's
un restaurante	restaurant
un supermercado	supermarket
una tienda	shop

direcciones	directions
Baje la calle ...	Go down the street ...
hasta el final de la calle	to the end of the street
hasta los semáforos	to the traffic lights
hasta el cruce	to the crossroads
hasta la glorieta	to the roundabout
Siga todo recto.	Go straight ahead.
Suba la calle.	Go up the street.
Tome la primera a la derecha.	Take the first on the right.
Tome la segunda a la izquierda.	Take the second on the left.
Cruce la plaza ...	Cross the square ...

descripciones	descriptions
aburrido/a	boring
antiguo/a	old
grande	big
industrial	industrial
interesante	interesting
moderno/a	modern
pequeño/a	small
pintoresco/a	picturesque
típico/a	typical
tranquilo/a	calm
turístico/a	for tourists

lo malo...	the bad thing...
lo mejor...	the best thing...
lo peor...	the worst thing...
Es la ciudad más grande de...	It is the biggest city in...
Es más grande que...	It is bigger than...
Es menos bonito/a que ...	It is not as pretty as...
Es tan interesante como...	It is as interesting as...
Lo bueno de mi pueblo es que es...	The good thing about my village is that it is...
Lo bueno de mi pueblo es que hay...	The good thing about my village is that there is...
En la ciudad faltan tiendas buenas.	There is a lack of good shops in the town.
Debería haber más cines.	There should be more cinemas.
El pueblo carece de oportunidades de ocio.	The village lacks leisure facilities.
Hay demasiado tráfico.	There is too much traffic.
Las calles son demasiado estrechas.	The streets are too narrow.

el clima	weather
Hace calor/frío/sol.	It is hot/cold/sunny.
Hace un tiempo variable.	The weather is changeable.
Hace viento.	It is windy.
Tiene un clima húmedo/ seco/suave	It has a damp dry/mild climate.
Los veranos son cálidos.	The summers are hot.
Los inviernos son fríos.	The winters are cold.
Los otoños son húmedos.	The autumns are wet.
Las primaveras son frescas.	The springs are fresh.
Las temperaturas son altas/bajas	The temperatures are high/low.
Llueve mucho en primavera.	In spring it rains a lot.
Hay muchas precipitaciones.	There is a lot of rainfall.
Hay chubascos.	There are showers.
Los cielos están despejados/ nublados.	The skies are clear/cloudy.
Hay niebla.	It's misty.
Hay tormentas.	There are storms.

A Jaime is talking about his school subjects.
Listen and answer the questions:

1 How many subjects does he study?
2 Write down six of his subjects.

B Practise answering these questions with a partner.
¿Cuántas asignaturas estudias?
¿Qué asignaturas estudias?

C Listen once more and complete these sentences.

1 Le gustan las matemáticas porque: a) son interesantes   b) son útiles   c) son fáciles.

2 No le gusta la geografía porque: a) es aburrida   b) es difícil   c) no es práctica.

3 Le encanta el inglés porque: a) le permite viajar y conocer otras culturas
                                     b) le permite ver películas inglesas en versión original.

4 Detesta la historia porque: a) tiene que leer demasiado
                                     b) tiene mala memoria.

D Practise asking and answering these questions with a partner.
¿Qué asignaturas te gustan y por qué?
¿Qué asignaturas no te gustan y por qué?
¿Cuál es tu asignatura favorita y por qué?

2 Jaime is talking about four of his teachers. Listen and decide which subjects (a–d) he is talking about.

a **aprendo mucho**

b **trabajo mucho**

c **es aburrida**

d **es divertido**

Listen and jot down notes while you listen before deciding on the appropriate answer.

3 Look at Rodrigo's school report.

Nº. MATRÍCULA	ALUMNO/A			AUSENCIA	
9030502	García Espinosa, Rodrigo Miguel				
ENSEÑANZA	**GRUPO**	**EVALUACIÓN**	**FECHA**	**RETRASO**	
2º grado FP	2D	11-2-96	11/2/96		
ASIGNATURA	**CONOCIMIENTOS**	**ACTITUD**	**APRECIACIÓN GLOBAL**	**SITUACIÓN**	
Lengua Española	Suficiente	Normal	Aceptable	Normal	
Idioma Moderno	Insuficiente	Normal	Debe recuperar	Bajo	
Formación Religiosa	Suficiente	Normal	Aceptable	Bajo	
Formación Humanística	Suficiente	Normal	Aceptable	Muy bajo	
Educación Física	Notable	Normal	Satisfactorio	Muy alto	
Matemáticas	Muy deficiente	Normal	Debe recuperar	Bajo	
Física y Química	Insuficiente	Normal	Debe recuperar	Normal	
Tecnología	Suficiente	Normal	Aceptable	Bajo	
Prácticas	Notable	Normal	Satisfactorio	Alto	
Teoría del Dibujo	Bien	Normal	Satisfactorio	Alto	

Answer the following questions:

1 In which subjects is he doing well?
2 In which subjects does he have problems?
3 Which is his best subject?
4 Which is his worst subject?

4 Listen to the comments made by Jaime's head teacher.
Link the subjects with the appropriate comment.

ASIGNATURA

1 Matemáticas
2 Ciencias naturales
3 Lengua española
4 Inglés
5 Historia
6 Geografía
7 Educación física

CONOCIMIENTOS

a Suficiente
b Insuficiente
c Notable
d Sobresaliente
e Muy deficiente
f Bien
g Notable

5 A Complete the "mini test" with a partner. Calculate your results and choose the appropriate description to find out what kind of a student you are.

1 Cuando no entiendes algo:
 a pasas
 b preguntas luego a tus amigos
 c pides más explicaciones al profesor.

2 Cuando llegas tarde a clase:
 a entras sin decir nada
 b te disculpas
 c te disculpas y das una explicación.

3 Cuando tienes muchos deberes:
 a buscas una excusa para no hacerlos
 b los entregas con retraso
 c consigues terminarlos a tiempo.

4 Cuando vuelves a casa por la tarde:
 a te pones a ver la tele
 b sales un rato y luego haces los deberes
 c haces los deberes y luego sales.

5 Cuando sacas malas notas:
 a pasas
 b pones más esfuerzo en esa asignatura
 c trabajas hasta recuperar.

6 Cuando vas mal en una asignatura:
 a culpas al profesor
 b te dices que no se te da bien
 c dedicas más tiempo a esta asignatura.

**a = 1 punto   b = 2 puntos
    c = 3 puntos**

6 puntos = Eres un(a) alumno/a bastante perezoso/a. No te gusta estudiar y te comportas mal en clase. Sacas malas notas y suspendes los exámenes.

7–11 puntos = Eres un(a) alumno/a mediocre. No estudias mucho y a veces no terminas los deberes. No siempre te comportas bien en clase. La mayoría de tus notas son malas.

12–17 puntos = Eres un(a) alumno/a bastante bueno/a. Te gusta estudiar y sacas buenas notas pero depende un poco de la asignatura.

18 puntos = Eres un(a) alumno/a muy bueno/a. Te gusta estudiar y te gusta aprender. Siempre sacas notas sobresalientes y apruebas todos los exámenes.

B Read the teacher's comments. To which descriptions at the end of the "mini test" do the comments (a–d) correspond?

 a *Alumno ejemplar. Destaca en todas las asignaturas.*
 b *Necesita mejorar su actitud y dedicar más tiempo al estudio.*
 c *Alumna bastante trabajadora pero debe hacer un esfuerzo constante para rendir al máximo.*
 d *Debe respetar a los profesores y a sus compañeros y ser puntual. Necesita dedicar mucho tiempo al estudio para recuperar.*

C How about you? What kind of a student are you?
Write out a full description in Spanish using the above descriptions.

Example: 1 **Cuando no entiendo algo, pregunto luego a mis amigos.**

You need to convert the verbs from the second person singular (tú) to the first person singular (yo).

6 Esther is talking about her problems in Maths. Read her letter.

El año pasado las matemáticas se me daban muy bien. Solía trabajar mucho y sacar buenas notas. El profesor era muy amable aunque nos hacía trabajar mucho en clase. No nos daba demasiados deberes y si un día había algún problema, nos daba más tiempo para terminarlos.

Este año todo ha cambiado. Ya no me gustan las matemáticas y puesto que ya no me esfuerzo mucho, saco malas notas. El profesor que tenemos este año es muy estricto. Sus clases son muy aburridas y tengo la impresión de que siempre estoy tomando apuntes. Me llevo fatal con él aunque reconozco que me comporto bastante mal en sus clases. Seguro que este año voy a suspender el examen.

A Read the following notes (a–h) and place them in the appropriate list.

1 El año pasado   2 Este año

a Esther es una buena alumna.
b Esther saca malas notas.
c Esther respeta mucho al profesor.
d Esther se comporta bien en clase.

e El profesor es muy malo.
f Esther aprueba los exámenes.
g Esther se aburre.
h Esther hace todos los deberes.

B Answer these questions:

1 Which is the main difference between last year and this year?
2 What is the main reason for this change?
3 What advice would you give to Esther?
   a) give up Maths
   b) try talking to the teacher
   c) work harder

7 Write your answers to this educational questionnaire.

Encuesta pedagógica

● ¿Qué asignaturas estudias?

● ¿En qué asignaturas vas bien?

● ¿Por qué?

● ¿En qué asignaturas vas mal?

● ¿Por qué?

● ¿Qué tipo de alumno/a eres?

8 Look at this timetable belonging to a Spanish student. She has got six lessons a day, Monday to Friday. Listen to the student and the answer the questions.

HORA	LUNES	MARTES	MIÉRCOLES	JUEVES	VIERNES
1ª	Educación Física	Música	Música	Religión	Lengua
2ª	Religión	Lengua	Inglés	Matemáticas	Matemáticas
			RECREO		
3ª	Francés	Inglés	Lengua	Matemáticas	Inglés
4ª	Lengua	Matemáticas	Matemáticas	Lectura	Tutoría
			RECREO		
5ª	Naturales	Sociales	Naturales	Educación Física	Educación Física
6ª	Informática	Deporte Interno	Educación Artística	Francés	Sociales

1 At what time does school start?
2 How long is each lesson?
3 At what time does the first break start?
4 How long is the second break?
5 At what time does school end?

6 At what time does she have Maths on Thursday?
7 How many foreign languages do the students study?
8 How much time is devoted to sport?
9 What language is studied in the lesson called "lengua"?

9 Read this extract of a letter about a school in Madrid:

A Read these summary statements and correct each ending according to the information in the text.

a El medio de transporte más popular... es el autobús puesto que la mayoría de los alumnos viven en las afueras de la ciudad.
b Muchos alumnos cogen el metro... desde el instituto para dirigirse a un centro deportivo en las afueras de la ciudad.
c El instituto ofrece muchas posibilidades para hacer deporte... al aire libre en los campos de deporte y las canchas de tenis.
d Los alumnos tienen éxito en sus estudios gracias a... los casi cuatro meses de vacaciones al año.

B Answer the questions in the letter in Spanish.

Voy al Instituto San Mateo en Madrid. Es un instituto estatal con dos mil alumnos. El instituto está en el centro de la ciudad así que tengo que coger el metro desde mi casa en el barrio de las Delicias. La mayoría de mis compañeros van en metro aunque hay algunos que cogen el autobús desde las afueras de la ciudad. ¿A qué tipo de instituto vas? ¿Dónde está situado? ¿Cómo vas al instituto?

El instituto es bastante grande aunque de aspecto antiguo. Tiene dos edificios principales con una biblioteca, un comedor donde se puede comer al mediodía, una sala de profesores, y muchas aulas y laboratorios. El problema es que no hay muchas posibilidades para hacer deportes. Tenemos un gimnasio que está bien preparado para jugar al baloncesto y hacer gimnasia pero el colegio carece de oportunidades de practicar deportes al aire libre. Faltan campos de fútbol y canchas de tenis. Claro que en el centro de Madrid no hay sitio para todo eso pero deberían construir un centro deportivo en las afueras de la ciudad para todos los colegios céntricos. ¿Cómo es tu instituto? ¿Qué hay?

Sin embargo, la verdad es que el instituto no está tan mal. La biblioteca está dotada de muchos libros y hay una sala de estudio para los alumnos. Así que no falta nada para tener éxito en los estudios. El año escolar empieza en septiembre y termina en junio. En Navidades y en Semana Santa tenemos dos semanas de vacaciones y en verano tenemos casi tres meses. Lo mejor de mi instituto es que hay muchas vacaciones. ¿Tienes muchas vacaciones?

10 **A** Listen to some Spanish students talking about rules in their school.
Place them into a positive list and a negative list.

Listen for ideas that constitute do's and don'ts.

Ideas positivas	*Ideas negativas*

B Write down the answers to the following questions and then practise them with a partner.

1 ¿Tienes que ser puntual?
2 ¿Tienes que llevar uniforme?
3 ¿Se puede fumar en el colegio?
4 ¿Se puede comer en clase?
5 ¿Hay que estudiar un idioma extranjero?
6 ¿Hay que estudiar matemáticas hasta los dieciocho años?

11 Read this list of rules and indicate whether you agree or disagree.
Justify your answer in Spanish.

Example: *No se puede fumar en el colegio.*
Answer: Estoy de acuerdo con esto porque fumar es malo para la salud.
Alternative answer: No estoy de acuerdo con esto. Deberían dejarnos fumar.

> 1   No se puede comer durante las clases.
>
> 2   No se puede hablar mientras habla el profesor.
>
> 3   No se puede salir del colegio durante el día.
>
> 4   Hay que llevar uniforme.
>
> 5   Hay que ser puntual todos los días.
>
> 6   Hay que respetar al profesor.

12 Your pen pal would like some information about your school for a project and sends you the following points as a guide. Write a letter in Spanish including this information.
dónde está
cuántos alumnos y profesores hay
las asignaturas
cómo es
qué hay en el colegio
el uniforme
un día típico
las vacaciones
las actividades extraescolares
las normas
lo que deberían cambiar.

Use ideas and language practised in this unit when you write your letter.

Práctica

Use of the future tense

1 Write down both forms of the future tense for each sentence.

Example: a   ***El año que viene iré a España.***
             b   ***El año que viene voy a ir a España.***

1   El año que viene _____ de vacaciones a Méjico. (ir)
2   El año que viene _____ bastante dinero para ir de vacaciones. (tener)
3   El año que viene _____ un viaje alrededor del mundo. (hacer)
4   El año que viene _____ de vacaciones en los Estados Unidos. (estar)
5   Mañana _____ con el profesor. (hablar)
6   La semana que viene _____ mi habitación. (ordenar)
7   Pasado mañana _____ con mis amigos. (salir)
8   Dentro de unos días _____ una carta de mi amigo/a por correspondencia español. (recibir)
9   Esta tarde _____ mis deberes. (hacer)
10   Sábado _____ a verte. (venir)

2 Write down the correct form of the future tense

Example: ***Cuando sea mayor haré un viaje alrededor del mundo.***

1   Cuando tenga dinero _____ un estéreo. (comprar)
2   Cuando termine mis deberes_____ con mis amigos. (salir)
3   Cuando vuelvan a casa, mis padres _____ hambre. (tener)
4   Cuando haga buen tiempo _____ a la piscina. (ir)
5   Cuando esté mi amigo español, _____ el museo juntos. (visitar)

3 Complete the following using the appropriate verb in the future tense

1   Cuando termine mis estudios _____ a la universidad. _____ ciencias naturales y cuando sea mayor _____ médico. (ir/estudiar/ser)

2   Cuando termine mis estudios _____ durante un año en una tienda en España. _____ español todo el tiempo y así _____ . Cuando vuelva de España _____ a la universidad. (trabajar/hablar/mejorar/ir)

3   Cuando tenga dieciocho años no _____ a la universidad. _____ a trabajar inmediatamente en un banco. En el banco _____ hablar español con los turistas españoles. (ir/empezar/poder)

4 Complete these sentences using the future tense

1   Cuando termine mis deberes...
2   Cuando tenga dinero...
3   Cuando tenga un coche...
4   Cuando termine mis estudios...
5   Cuando sea mayor...

Vocabulario

las asignaturas — *subjects*

el alemán — *German*
el arte dramático — *Drama*
las ciencias — *Science*
el dibujo — *Art*
la educación física — *Physical education*
el español — *Spanish*
el francés — *French*
la geografía — *Geography*
la historia — *History*
la informática — *Information technology*
el italiano — *Italian*
el inglés — *English*
los idiomas — *Modern languages*
las matemáticas — *Maths*
la música — *Music*
la religión — *Religious education*
la tecnología — *Technology*

el colegio — *school*

el colegio — *school (up to age of 14)*
el instituto — *school (14+)*
la educación preescolar — *infant school*
la educación primaria — *primary education*
la educación secundaria — *secondary education*
un aula — *classroom*

una biblioteca — *library*
un campo de deporte — *sports field*
una cancha de tenis — *tennis court*
un edificio — *building*
el horario — *timetable*
la jornada escolar — *the school day*
un vestuario — *changing room*

aprobar exámenes — *to pass exams*
estudiar — *to study*
sacar buenas/malas notas — *to get good/bad results*
suspender exámenes — *to fail exams*
hacer los deberes — *to do homework*
repasar — *to revise*

El colegio tiene muchas oportunidades para hacer deporte. — *The school has many opportunities to do sport.*

El colegio carece de actividades extraescolares. — *The school is lacking in extracurricular activities.*

La biblioteca carece de libros recientes. — *The library is lacking in up-to-date books.*

El colegio está dotado de laboratorios modernos. — *The school is equipped with modern laboratories.*

Hay un comedor pero es muy caro. — *There is a canteen but it is very expensive.*

El trabajo 6

1 A Listen to Juan talking about the jobs that members of his family do.
Say who is in each photo and what job they do.

a

b
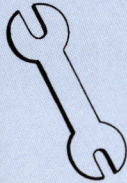
d

c

B Who would say the following?

1 Trabajo en un hospital.

2 Trabajo en un colegio.

3 Trabajo en una oficina.

4 Trabajo en un taller.

5 Tengo que escribir cartas en el ordenador.

6 Tengo que arreglar coches.

7 Tengo que atender a los pacientes.

8 Tengo que dar clase a los alumnos.

2 Listen to an interview with Mariano and Carmen and answer the questions.

1 For how long has Mariano been a mechanic?
2 Why does he like his job?
3 For how long has Carmen been a doctor?
4 Why does she like her job?

3 A Look at the photos and choose three sentences to go with each.

1 María es dentista.
2 Trabaja en una peluquería.
3 Dice que es muy duro.
4 Pedro está en paro.
5 Trabaja en un consultorio.
6 Tiene que cortar y estilizar el pelo de sus clientes.
7 Romero es peluquero.
8 No trabaja desde hace dos años.
9 Tiene que cuidar los dientes de sus pacientes.

a
b
c

B Practise answering the following questions:
¿En qué trabajan los miembros de tu familia?
¿Dónde trabajan?
¿Les gusta? ¿Por qué?

4 A Read this extract from a letter from you pen pal. It talks about a part time job.

Desde hace unas semanas trabajo en la fábrica de mi tío. No me gusta mucho pero necesito el dinero. Tengo que colocar mercancías y cargar camiones. Trabajo de las cinco a las ocho de la mañana antes de ir al colegio. Me pagan quinientas pesetas por hora. ¿Y tú? ¿Tienes un trabajo para ganar un poco de dinero? ¿Dónde trabajas y qué tienes que hacer? ¿Te pagan mucho?

B Answer the questions in the letter.

5 Look at these job advertisements (a–d)

BANCO INDEPENDIENTE

para su sucursal en España, selecciona

ABOGADOS

Se requiere:
* Experiencia de al menos cuatro años en un banco de negocios
* Conocimiento profundo de los aspectos legales de las actividades de banca comercial y productos financieros
* Conocimiento de los idiomas inglés y francés.

Se ofrece:
* Buenas condiciones
* Ventajas sociales.

Los candidatos deberán enviar carta manuscrita y curriculum vitae al Apartado de Correos número 4578, 28080 Madrid.

a

DEPENDIENTAS Y ENCARGADAS
Con experiencia en tiendas de ropa femenina

Enviar curriculum vitae – Apartado de Correos número 5029, 28080 Madrid.

b

REPARTIDORES DE PIZZAS A DOMICILIO

◆ Trabajo a tiempo parcial compatible con estudios
◆ Sueldo a convenir
◆ Incentivos
◆ Moto de la empresa
◆ Incorporación inmediata

c

RESTAURANTES LA TABERNA
SOLICITAN

JEFE DE COCINA

Puesto de trabajo en Madrid. De 30 a 50 años. Con experiencia y formación. Amplios conocimientos de la cocina mediterránea. Sueldo fijo más incentivos.

Interesados, solicitar entrevista personal, aportando curriculum vitae, a la señora Gómez. (91) 089 80 75.

d

For which job…

1 …should you send a photo?
2 …do you need experience of working in a bank?
3 …do you not need to work a full day?
4 …can you study at the same time?
5 …do you have to start immediately?
6 …do you need appropriate experience?
7 …do you need training?
8 …do you need to be able to speak two foreign languages?
9 …do you need to write a letter of application by hand?
10 …do you need to be at least thirty years old?
11 …can the salary be discussed?

6 Look at this advertisement and the letter of application.

SECRETARIA

Empresa española (sector de automoción) necesita secretaria para sus oficinas de Madrid.
Se requiere: inglés hablado y escrito, manejo de ordenador (procesador de textos).
Se ofrece: contrato de trabajo, condiciones económicas a convenir, posibilidades de promoción.
Dirigirse urgentemente con curriculum vitae al Apartado de Correos número 89.801, 28006 Madrid.

A **Answer these questions:**

1 For which job is Ana María applying?
2 Ana María lives in Madrid. Is this convenient for the job?
3 The job requires two qualities. Which ones are they?
4 Find two sentences in Ana María's letter that correspond to these qualities.
5 Ana María is looking for more responsibility in her job. Are there opportunities in the new job?

Madrid, 2 de septiembre

Estimado señor:

Por la presente solicito el puesto de secretaria en su empresa.

Me llamo Ana María González Izquierdo. Tengo veintitrés años y soy de Burgos. Hablo inglés y un poco de francés. También entiendo portugués pero no lo hablo. Estoy casada y vivo en Madrid.

Hice formación profesional de secretariado. Estudié informática. Trabajé durante dos años en el departamento de marketing de una empresa de productos cosméticos. Tenía que contestar el teléfono y escribir cartas a ordenador. En un futuro próximo desearía asumir mayor responsabilidad en el trabajo.

Adjunto envío curriculum vitae. A la espera de sus noticias le saluda atentamente,

Ana María González Izquierdo
Calle Almirante No. 12
28045 Madrid

B Complete Ana María's curriculum vitae.

C Now make your own curriculum vitae in Spanish.

CURRICULUM VITAE

Nombre

Apellido

Dirección

Fecha de nacimiento

Nacionalidad

Estudios

Idiomas

Experiencia profesional

To do the CV you need to look for the key points in the letter and include them under the different headings.

7 You want to work in Spain during the summer to improve your Spanish.
Choose one of the advertisements and write a letter of application for the job.

RECUERDOS DE ESPAÑA
Se necesita dependiente/a durante la temporada turística. Inglés imprescindible. Aceptamos estudiantes. Salario y fechas a convenir. Dirigirse al Sr Ruiz.

Hotel Sanlucar
Necesitamos camareros/as con experiencia. Plaza temporal: julio/agosto. Preferible estudiantes. Sueldo y fechas a convenir.

Dirigirse a la Sra Galán, gerente del hotel.

Use the letter in Activity 6 and the useful phrases on page 60 to help you.

información personal; idiomas; estudios; experiencia previa; intereses.

8 Your friend, Katie, wants to work as an au pair in Spain during the summer.
Look at her details and choose eight that are important to be an au pair.

1 Katie
2 15 años.
3 Mi hermano tiene tres años.
4 Mi hermana tiene siete años.
5 Se me dan muy bien las matemáticas.
6 Tengo experiencia de cuidar a niños.
7 Juego al hockey.
8 Tengo sentido del humor.
9 Sé cocinar.
10 Tengo un carácter responsable e independiente.
11 Entiendo español y lo hablo un poco.
12 Me gustan los animales.
13 Me gusta ir al cine.
14 Ayudo en casa.

Look at the useful phrases on Page 60 and write a letter to a Spanish family recommending your friend as an au pair.

Remember to change the verbs in Katie's notes from the first person singular (yo) to the third person singular (ella).

9 **A** Look at the graph and answer the questions:

1 The graph represents:
   a) the favourite pass times of young Spaniards
   b) the problems of young Spaniards
2 Which percentage of young people is worried about work?
3 Which percentage of young people is worried about the future?

B Practise answering the following questions:
¿Estás preocupado por el futuro?
¿En qué te gustaría trabajar? ¿Por qué?
¿Te gustaría trabajar en España o en Hispanoamérica?

¿Qué te preocupa?

No tengo seguridad económica	83%
No me siento seguro/a	46%
No puedo hacer proyectos de futuro	45%
No tengo libertad	23%
Mis relaciones con mis padres	11%
Mis relaciones con mis amigos	5%

10 **Entrevistas**

A There are three candidates for the post of secretary in a factory. Read these four questions. For each one choose what you think is the most appropriate answer.

1 ¿Por qué quiere trabajar de secretaria en esta empresa de zapatillas de deporte?
   a) Porque soy aficionada al deporte y me gusta la marca de zapatillas.
   b) Porque la empresa y el trabajo me parecen interesantes.
   c) Porque la empresa está cerca de mi casa y el horario es conveniente.

2. ¿Qué formación tiene Vd?
   a) Tengo un año de formación profesional de secretariado.
   b) Tengo formación de secretariado bilingüe.
   c) Tengo un título universitario en publicidad y marketing.

3. ¿Qué experiencia tiene?
   a) Trabajé de secretaria suplente en tres empresas distintas.
   b) Trabajé de secretaria en una empresa en el departamento de marketing.
   c) No tengo experiencia previa.

4. ¿Qué cualidades tiene Vd para este puesto?
   a) Creo que soy imaginativa y ambiciosa.
   b) Creo que soy responsable, eficiente y capaz de adaptarme a muchas situaciones.
   c) Creo que tengo buena presencia y que siempre estoy de buen humor.

B Listen to the interviews of two of the candidates (Ana María and Paloma) and write down their answers to the above questions.

Ana María   Paloma

C Decide who might get the job according to the answers.
Then, write a summary of the winning interview.

Example: X quiere trabajar de secretaria en la empresa porque ... Tiene ...

11 Read the article.

1 What is Lola's job?

2 For how long has she done this job?

3 What does she want to do?

4 Why does she want to have afternoons off?

5 How many days a week does she want to work in order to finish at three every day?

6 Why does she not like eating out? Choose two reasons.
  a it is expensive
  b she doesn't like the restaurant
  c she doesn't eat well
  d it is boring

7 Lola would like to:
  a change offices
  b choose the furniture for the office
  c buy a computer
  d resign

8 Sometimes, what Lola finds most difficult is:
  a the work
  b using the computer
  c relations with colleagues
  d the clients

LOLA:

'Acabaría con la insolidaridad de los compañeros que desean medrar a costa mía'

Es secretaria de dirección y lleva trabajando en la misma empresa más de 20 años. Le gustaría mucho cambiar el horario. «Dejaría la jornada intensiva durante todo el año. Me gustaría salir a las tres todos los días, aunque tuviera que trabajar los sábados. Sería maravilloso contar con las tardes libres y poder dedicar más tiempo a mi familia y a mis hobbies.» Algo a lo que tampoco se ha acostumbrado es a comer fuera de casa «siempre a la misma hora y casi siempre en el mismo sitio; normalmente mal alimentada y con el inconveniente del gasto que

supone.» A Lola le hubiera gustado participar en la decoración y elección del mobiliario de su oficina «y no simplemente por la estética, sino por tener una silla más adecuada, anatómica, para estar más cómoda a la hora de escribir a máquina; o colocar el ordenador donde menos reflejos reciba, tener unos archivadores más prácticos... pero eso, casi siempre, nos lo dan hecho.» Muchas veces, el trabajo durante tantas horas con las mismas personas se asemeja a un matrimonio mal avenido. «Hay que aguantar muchos cambios de humor, a veces mentir a los clientes, diciendo que el jefe no está, saber distinguir cuando sus órdenes son un arrebato o van en serio... Siempre hay que acomodarse al humor que tenga ese día.» En otras ocasiones se desatan guerras de competencia. «Hay algunos temas que no están adjudicados a alguien en concreto, y unas veces nos toca realizarlos a unas secretarias y otras veces a otras, y todas lo hacemos de mala gana. En ocasiones te encuentras con compañeros que para medrar te ponen la zancadilla, y eso es muy incómodo y doloroso.» Pero Lola con el tiempo se ha acomodado, qué remedio, a su trabajo. «Estando el tema del empleo tan difícil ¿cómo voy a encontrar otra cosa?»

12 Pablo is a student working as a part time assistant in a shop. Read his comments.

Trabajo en una tienda los sábados. Soy dependiente. Ayer lo pasé fatal. Llegué tarde al trabajo y la gerente me dijo que tenía que llegar antes. Tuve que atender a los clientes.

Algunos eran muy simpáticos pero otros eran muy desagradables. Me dijeron que tenía que trabajar más de prisa. También tuve que colocar estanterías y limpiar los cristales. Fue muy duro. La gerente me dijo que tenía que limpiar toda la tienda...

Write a letter to a Spanish friend giving details of your part time job and describe one particular day. Invent one if necessary.

> Write out a list of possible things to say based on the example of Pablo, before putting together your letter.

Práctica

Use of indirect speech.

1 Write down the correct form of the imperfect tense.

Example: Ayer el jefe me dijo que era trabajador(a).

1 El jefe me dijo que _____ perezoso/a. (ser)
2 El jefe me dijo que _____ que buscar una solución. (haber)
3 El jefe me dijo que el suelo _____ sucio. (estar)
4 El jefe me dijo que no _____ nada. (hacer)
5 Los clientes me dijeron que _____ muy simpático/a. (ser)
6 Los clientes me dijeron que _____ muy bien. (trabajar)
7 Un cliente me dijo que no le _____ la tienda. (gustar)
8 Un cliente me dijo que la tienda _____ desordenada. (estar)
9 Mi madre me dijo que no _____ darme más dinero. (poder)
10 Mi padre me dijo que no _____ posible ir de vacaciones este año. (ser)
11 Mis padres me dijeron que no _____ escucharme. (querer)
12 Mi madre me dijo que no _____ más dinero. (necesitar)

2 Choose the appropriate infinitive

1 El jefe me dijo que tenía que _____ más de prisa.
2 El jefe me dijo que podía _____ una pausa.
3 El jefe me dijo que tenía que _____ el suelo.
4 El jefe me dijo que podía _____ a casa antes.
5 El jefe me dijo que tenía que _____ más educado/a con los clientes.
6 El jefe me dijo que tenía que _____ la contabilidad.
7 El profesor me dijo que tenía que _____ más atento/a.
8 El profesor me dijo que tenía que _____ más cuidado.
9 Mi madre me dijo que tenía que _____ menos dinero.
10 Mi padre me dijo que tenía que _____ menos al cine.
11 Mis padres me dijeron que tenía que _____ menos discos.
12 Mi profesor me dijo que tenía que _____ más.

| estudiar | gastar | limpiar | estar | hacer | tener | comprar |
| ir | volver | trabajar | tomar | ser | | |

3 Write down the correct form of the imperfect tense.

Example: Le dije al jefe que no podía trabajar más de prisa.

1 Le dije al jefe que no (poder) venir antes.
2 Le dije al jefe que (querer) tomar una pausa.
3 Le dije al jefe que no (ir) a llegar tarde.
4 Les dije a mis padres que no (tener) hambre.
5 Les dije a mis amigos que (estar) demasiado cansado/a para salir.

4 Complete the text putting all verbs into the imperfect tense.

El otro día pedí más dinero a mis padres para poder salir con mis amigos. Mi madre me dijo que no (necesitar) el dinero y que (tener que) ir menos al cine. Mi padre (estar) muy enfadado y me dijo que (tener que) tener más cuidado con el dinero y gastar menos. También les dije que (necesitar) el dinero para poder comprar ropa y discos pero mis padres me dijeron que (tener) bastante ropa y que (tener que) comprar menos discos.

5 Write you own text.

1 Llegas tarde al trabajo. El jefe está enfadado. Describe la discusión.
2 Quieres más dinero para poder salir. Tus padres no están de acuerdo. Imagina la discusión.

Vocabulario

los trabajos / jobs

un(a) abogado/a	lawyer
un(a) arquitecto/a	architect
un bombero	firefighter
un(a) camarero/a	waiter / waitress
un carpintero	carpenter
un cartero	postman
un(a) conductor(a)	driver
un(a) constructor(a)	constructor
un(a) dependiente/a	sales assistant
un(a) dentista	dentist
un(a) director/a	director
un(a) empleado/a de oficina	office clerk
un(a) enfermero/a	nurse
un fontanero	plumber
un(a) fotógrafo/a	photographer
un(a) funcionario/a	civil servant
un(a) ingeniero/a	engineer
un jardinero	gardener
un lechero	milkman
un mecánico	mechanic
un(a) obrero/a	worker
un policía	police officer
un(a) profesor(a)	teacher
un(a) programador(a) de ordenadores	computer programmer
un(a) representante	business representative
un(a) secretario/a	secretary

el mundo del trabajo / the world of work

cobrar .... por hora	to earn .... per hour
un(a) compañero/a	colleague
un(a) dueño/a	business owner
un(a) empleado/a	employee
un(a) encargado/a	person in charge
estar en huelga	to be on strike
estar en paro	to be unemployed
ganar dinero	to earn money
un(a) gerente	manager

un(a) jefe/a	boss
un puesto	a post
recibir el subsidio de paro	to receive unemployment benefit
solicitar un empleo	to apply for a job
trabajar	to work

frases útiles / useful phrases

¿Puede darme una indicación del sueldo?	Can you give me an idea of the salary?
¿Puede darme una indicación de las fechas?	Can you give me an idea of the dates?
¿Hay posibilidad de alojamiento?	Is there a possibility of having lodgings?
Tengo una amiga que quiere trabajar en España.	I have a friend who wants to work in Spain.
¿Pueden decirme si saben de alguna posibilidad de trabajo?	Can you tell me if you know of anything?
¿Conocen una familia que necesita una au pair?	Do you know a family that needs an au pair?
El futuro me preocupa porque hay menos posibilidades de encontrar trabajo?	The future worries me because there are fewer opportunities to find work.
Cuando sea mayor me gustaría ser ingeniero.	When I am older I would like to be an engineer.
Cuando tenga trabajo me gustaría viajar.	When I have a job I would like to travel.
Me gustaría trabajar en España.	I would like to work in Spain.
Me gustaría utilizar el español en mi trabajo.	I would like to use Spanish in my work.
Pasé un mes trabajando en una zapatería.	I spent a month working in a shoe shop.
Trabajé ocho horas al día.	I worked eight hours a day.
Me pagaron setecientas cincuenta pesetas por hora.	They paid me 750 pesetas per hour.

¡Buen viaje! 7

1 Listen to a family discussion. The Sanz family cannot decide where to go on holiday. Listen to what each member of the family would like to do. Link the numbers to the letters.

1	El padre	a	vacaciones al sol
2	Rafael	b	campamento
3	Ramón	c	visitas culturales
4	Rosa	d	vacaciones en la montaña
5	La madre	e	actividades deportivas

VIAJES
Ejecutivo

OTOÑO-INVIERNO 94/95 SUPER OFERTAS

FINES DE SEMANA PUENTES GRUPOS DE EMPRESA

Estancias desde 2.100 Pts.
Escapadas desde 12.300 Pts.
Paquetes Avión Fin de Semana desde 19.100 Pts.

Before listening, look at the questions and think what words you might expect to hear.

2 Complete the following sentences.

1 *Prefiero ir a esquiar...*

2 *Prefiero ir al Caribe...*

3 *Prefiero ir a la playa...*

4 *Prefiero hacer camping...*

5 *Prefiero hacer deporte...*

6 *Prefiero hacer excursiones...*

a porque me gustan las vacaciones al sol.
b porque me interesan las vacaciones de tipo cultural.
c porque me gustan las vacaciones en la montaña.
d porque me encantan las vacaciones exóticas.
e porque me gustan las vacaciones activas.
f porque me apetecen vacaciones al aire libre.

3 A Listen to these four interviews (1–4) and for each person write down:

1 how they like to travel (a–d)
2 what type of accommodation they prefer (e–h); why?

At first, only listen for the answer to the first part of each question. Listen carefully – the correct answer may not be what you immediately think it is.

B Practise the following questions with a partner.

¿Qué tipo de vacaciones te gustan?
¿Por qué?
¿Prefieres hacer camping o quedarte en un hotel?
¿Cómo te gusta viajar?

Use the phrases practised on this page to answer your questions. Answer as fully as possible.

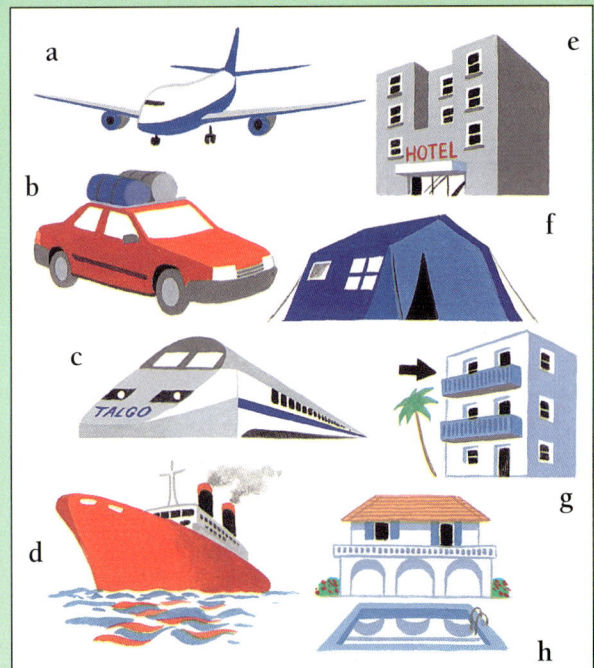

a
b
c
d
e
f
g
h

4 **A** Read the following holiday ideas by a group of young Mexicans.

Paulina

Me voy a ir a Acapulco o a otra playa; me encantan, sobre todo las de México.

Karla

Yo creo que no voy a salir de vacaciones este año; será para el próximo, ya que tengo mucho trabajo.

Todavía no me decido, tengo ganas de irme a un crucero con mis papás y también me gustaría ir a Nueva York, pero hace mucho frío ahorita. Prefiero el crucero desde Miami al Caribe.

Mauri

Pues tomamos vacaciones los primeros días del año, siempre es igual, pero entre los planes está irnos a esquiar, pero todavía no sabemos adónde.

Alan

Pablo

Muy posiblemente me voy a Punta del Este o a la costa argentina con la familia. Tengo que aprovechar porque me espera mucho trabajo.

Me gustaría irme a Europa, tengo muchas ganas. Fui hace muchísimos años. Me encantaría irme con una maleta, con poquito dinero, andar en trenes.

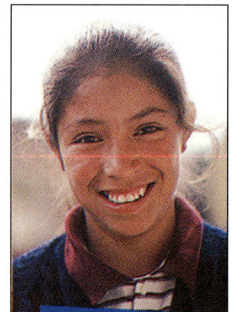

Cha

Answer the questions:

1 Who cannot go on holiday?
2 Who wants to go on a long journey?
3 Who is going on holiday with their family?
4 Who is going on holiday where it is colder?
5 Who is going to travel by boat?

B Practise these questions with a partner.

¿Adónde vas a ir de vacaciones este año?
¿Vas a ir con la familia o con los amigos?
¿Cómo vas a viajar?
¿Dónde te vas a alojar?
¿Qué piensas hacer?

Listen carefully to each other's answers. Can you understand each other clearly?

5 Look at these hotel advertisements and answer the questions?

hotel ★★★
TURCOSA

Treballadors de la Mar, 1
Tel. (964) 28 36 00 - Fax (964) 28 47 37
12100 GRAO DE CASTELLON
Director: **Adolfo Pérez Bellido**

Situado frente al mar. 70 habitaciones todas exteriores, con baño privado. Teléfono directo. Minibar. TV color vía satélite con mando a distancia. Aire acondicionado. Hilo musical. Calefacción y detección de incendios. Bar y Salones para convenciones y actos sociales.

Habitación individual con baño	6.900 ptas.
Habitación doble con baño	9.200 ptas.
Habitación con salón	10.000 ptas.
Desayuno buffet libre	825 ptas.

Acepta: VISA-DINERS-AMERICAN EXPRESS-EUROCARD

HHP

HOTEL DE FRANCIA Y PARIS ★★★
Pl. de San Francisco, 6 - 11004 CADIZ
Teléfs. (956) 21 23 18-9 - 22 23 48-9
Fax 22 24 31

HOTEL RESIDENCIA

57 HABITACIONES•TELEFONOS•AIRE ACONDICIONADO
EN PLANTA NOBLE•CUARTOS DE BAÑO COMPLETOS•
CAFETERIA-BAR•TV COLOR HABITACIONES

Temporada alta: DOBLE CON BAÑO ....8.500.- ptas
INDIVIDUAL CON BAÑO ......5.400.- ptas
Temporada baja: DOBLE CON BAÑO ....7.300.- ptas
INDIVIDUAL CON BAÑO ......4.900,- ptas
Desayuno: 560 ptas.   +6% IVA

SITUADO EN EL CENTRO DE LA CIUDAD

1 Which hotel is bigger?
2 Which hotel is more expensive?
3 Which hotel adapts its prices according to the season?
4 Which hotel does not have a sea view?

5 Which hotel has more facilities?
6 In which hotel can you organise parties?
7 Which hotel accepts credit cards?
8 Which hotel has two telephone numbers?

6 Read this letter of reservation to a hotel.

> Muy señor(a) mío/a:
>
> Quisiera reservar dos habitaciones dobles con ducha en su hotel para quince días desde el 27 de julio hasta el 10 de agosto. Si es posible preferiría habitaciones espaciosas, con televisión y vistas al mar.
>
> Le ruego confirme la reserva y la forma de pago, y envíe el precio total con pensión completa. También le agradecería información sobre las posibles excursiones organizadas desde el hotel.
>
> A la espera de sus noticias le saluda atentamente,

A Write a similar letter using the following information:

Fechas: 5 de mayo – 12 de mayo
Habitaciones: una doble con baño; una individual con ducha
Requisitos: terraza; vistas a la piscina; teléfono; media pensión
Información deseada: la región; instalaciones deportivas en el hotel

B Write a similar letter but adapt it to make a camping reservation.

Fechas: 10 de agosto – 20 de agosto
Sitio: una caravana y una tienda pequeña
Requisitos: cerca de los servicios; rincón tranquilo
Información deseada: las instalaciones del camping; la región

Learn the format of the letter.

7 A You have arrived at a campsite. Read the following sentences and decide what the client says and what the owner says. Make two lists.

a Buenos días.

o En total son tres mil pesetas.

u De nada.

i Sí, un colchón vale doscientas pesetas al día.

b ¿Queda sitio?

j ¿Hay una tienda de alimentación?

e Somos dos adultos y dos niños.

c Sí, queda sitio.

s Si quiere, le cambio el sitio.

d ¿Cuántas personas son?

l ¿Cuánto es para un coche y una caravana?

n Nos quedamos hasta el sábado.

f ¿Dónde prefiere el sitio?

k Sí, está cerca de la entrada.

r Mi tienda está demasiado cerca de los cubos de basura.

q Sí, están al lado de los servicios.

h ¿Se puede alquilar un colchón de aire?

m ¿Hasta cuándo se quedan?

g Prefiero un sitio en la sombra.

t Muchas gracias, hasta luego.

p ¿Hay duchas con agua caliente?

B Use the list you have made to create complete dialogues. Practise these with a partner.

> In order to learn the phrases, test each other on giving the right answers.

8 Study this train ticket and answer the questions.

```
71  N.º AS  385742          BILLETE + RESERVA   EL  029  APPE0329
                                                    00000000  7691
RENFE
C.I.F. 0-28216749
032930476892   40126                                31/10/91   21:23

DE ———————> A   CLASE  FECHA  HORA SALIDA  TIPO DE TREN  COCHE  Nª PLAZA  DEPARTAMENTO  Nª TREN

VALENCIA T  MCHAMARTIN L  03.11  23.10  ESTRELL  0031  026A              00883
            HORA DE LLEGADA-->:  07.50         CLIMATIZ.

Tarifa    010 TARIFA GENERAL -TG-
Forma de pago METALICO                          Pesetas ****405000
```

1 From where is the passenger travelling?
2 When does the passenger want to travel?
3 When was the ticket reserved?
4 At what time does the train arrive at Chamartín?
5 How long does the journey take?
6 Was the ticket paid for with cash or a cheque?
7 What must the passenger do with the ticket during the journey?

9 Listen to the three dialogues at the ticket office and answer the questions:

A 1 At what time does the next train for Madrid leave?
  2 How much is a second class return ticket?
  3 Does the passenger want a smoking or non-smoking seat?

B 1 How many trains are there for Valencia?
  2 For when does the passenger want to reserve a seat?
  3 What class is requested?

C 1 Where does the passenger want to travel to?
  2 Does the passenger have to change trains?
  3 From what platform is the train leaving?

10 With a partner create two dialogues in the ticket office. Use the questions in Activity 9 and the following information to help you.

Próximo tren para (Madrid/Sevilla)
Sale del andén _____
Hay que hacer transbordo en _____
Precio segunda clase ida y vuelta

Madrid 10:29
4
Tomelloso
2.500 pesetas

Sevilla 15:16
11
Córdoba
10.200 pesetas

11 **A** Look at the Mexican airline's advertisement and answer the questions.

▶ **Unico** Puente Aéreo.

▶ **Unico** con 110 vuelos semanales **sin escalas.**

▶ **Unico** con **verdadera** Primera Clase en todos sus vuelos.

▶ **Unico** con salones de Primera Clase en ambos aeropuertos.

▶ **Unico** con televisores individuales en equipo Boeing 727.

▶ **Unico** en introducir la alta tecnología del Airbus A-320.

▶ **Unico** con espacios más amplios en sus cabinas.

▶ **Unico** con comida tradicional norteña.

▶ **Unico** con champaña de cortesía en todo el avión.

▶ **Unico** con mostradores exclusivos para su documentación.

▶ **Unico** con atención especial en la sala de última espera.

▶ **Unico** con 99.6% de sus vuelos cumplidos.

1 Is the flight from Mexico to Monterrey direct?
2 How many types of aircraft does the company use?
3 Why are the flights more comfortable?
4 What drink is offered to all passengers?
5 What are the three advantages at the airport if you fly with this company?

B Look at the flight timetable and answer the questions:

MEXICO - MONTERREY

VUELO	SALE	FRECUENCIA
MX 007	07:00	Lun. a Vie.
MX 009	09:00	Diario
MX 012	12:00	Diario
MX 015	15:00	Dom. a Vie.
MX 017	17:00	Diario
MX 019	19:00	Diario
MX 020	20:00	Diario
MX 021	21:00	Dom. a Vie.

1 It's Monday 7:30 am. When is the next flight?
2 It's Saturday 2:45 pm. When is the next flight?
3 At what time is the last flight on Saturday?

12 **A** Listen to a conversation between two passengers who are talking about the problems when flying. Put the pictures (a–e) in the order that they are mentioned.

a   b   c   Vuelo   Salida
IBERIA 1234   12.30
Información
Vuelo retrasado 15.30   d   e

B Listen once more and link the numbers (1–5) with the letters (a–e) to make complete sentences:

1 Hubo un retraso
2 Había fumadores

3 La comida
4 Las azafatas no tenían
5 Hubo otro retraso

a estaba fría.
b la información adecuada para los pasajeros que tenían que conectar con otro vuelo.
c de tres horas.
d en los asientos de no fumadores.
e en sacar el equipaje del avión.

Before listening, try to work out the meaning of these phrases.

C Now, write a letter of complaint to an airline company after a disastrous flight. Use the phrases in section A to help you.

Muy señor(a) mío/a:

Le escribo para protestar por la calidad de su vuelo número 387 de Madrid a Londres. De hecho

13 You are going on holiday for sixteen days to the Dominican Republic, a Spanish speaking island in the Caribbean. Read the following information about the island and the itinerary.

Write a letter to your Spanish pen pal describing your plans.

Use the following questions in Spanish as a guide to what you should include:

¿Cómo y cuándo vas a viajar?

¿Con quién vas a viajar?

¿Dónde te vas a alojar?

¿Cuánto dinero vas a llevar?

¿Qué te gustaría comprar?

¿Qué te gustaría probar de los platos típicos?

¿Qué ropa vas a llevar?

¿Qué vas a hacer cada día según el itinerario?

16 días

■ ITINERARIO:

1er día (Lunes): España-Santo Domingo
Vuelo especial a Punta Cana. Llegada y traslado por carretera a Sto.Domingo

2º y 3er día (Mar-Mié): Santo Domingo
Días libres en la capital de Republica Dominicana. Opcionalmente, realice la visita a la ciudad, que le permitirá un mayor aprovechamiento durante su estancia.

4º día (Jue): Sto. Domingo-Puerto Plata
Traslado por carretera a Puerto Plata.

5º al 7º día (Vie-Dom): Puerto Plata
Días libres en la costa norte del país. Participe en alguna visita facultativa a Samaná, Jarabacoa, etc.

8º día (Lunes): Puerto Plata-Punta Cana
Traslado por carretera a Punta Cana.

9º al 14º día (Mar-Dom): Punta Cana
Días libres para disfrutar de magníficas playas o realizar excursiones opcionales a Altos de Chavón, Palmilla, etc.

15º día (Lunes): Punta Cana - España
Traslado al aeropuerto de Punta Cana y vuelo de regreso. Noche a bordo.

16º día (Martes): España
Llegada.

> Try to combine copying parts of the text with your own words. Wherever possible, add personal comments. Make sure you use the correct tense.

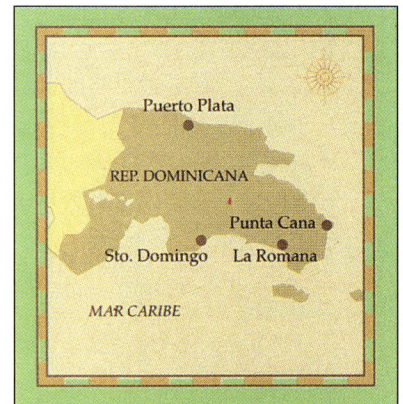

Puerto Plata

REP. DOMINICANA

Punta Cana

Sto. Domingo   La Romana

MAR CARIBE

■ **DOCUMENTACION:** Pasaporte español en vigor. Es imprescindible la tarjeta de turista que se cumplimenta a la entrada al país. Los trámites y pago (10 USD) se efectúan en el aeropuerto de entrada y su coste no está incluido en el precio del viaje. Rogamos consulten para súbditos de otras nacionalidades.

■ **EQUIPAJE:** Se permite facturar un máximo de 20 Kg por persona (el exceso de equipaje tiene una tarifa suplementaria). A bordo sólo está permitido subir un bolso de mano, por lo que cualquier bulto adicional, debe facturarse según estrictas normas de seguridad. En caso de deterioro o extravío de su equipaje, no olvide presentar la correspondiente denuncia en el aeropuerto.

■ **PRESENTACION EN EL AEROPUERTO:** Dos horas antes de la salida del vuelo, mostrador de IBEROJET, en los aeropuertos de Madrid o Barcelona.

■ **TASAS DE AEROPUERTO:** No incluidas en el precio del viaje. Su importe aproximado es de 10 USD (importe sujeto a variación sin previo aviso). Le sugerimos tenga previsto el importe de las tasas de aeropuerto para evitar molestias e inconvenientes.

El día de su salida recibirá nuestra Guía de Información General que le ampliará detalles sobre la República Dominicana.

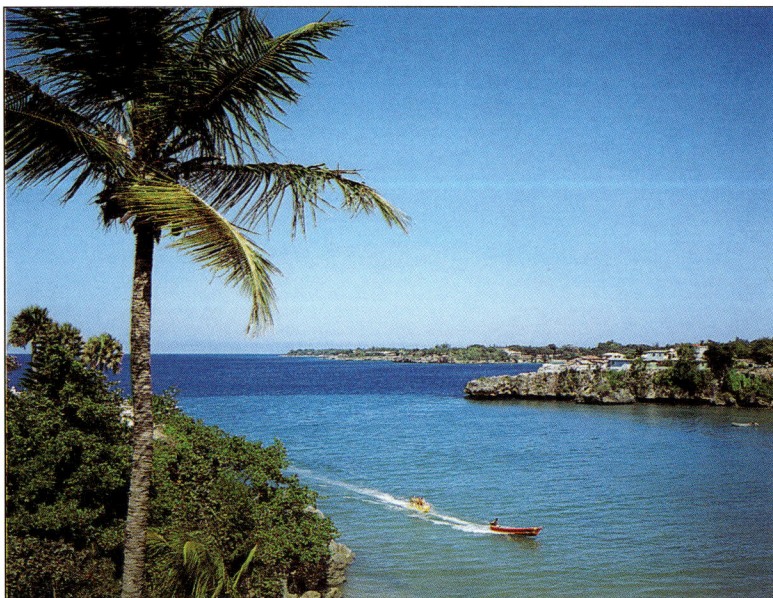

Práctica

Use of the present continuous

Use of the past continuous

1 Answer the questions using the correct form of the present continuous:

¿Qué estás haciendo?

Example: (Hacer/deberes)   *Estoy haciendo los deberes.*

1 (Ver – tele)
2 (Escuchar – radio)
3 (Comer – bocadillo)
4 (Jugar – tenis)
5 (Hacer – comida)
6 (Fregar – platos)
7 (Leer – libro)
8 (Escribir – carta)

2 Answer the questions with the correct form of the present continuous:

1 ¿Qué está haciendo tu hermano? (Ver – tele)
2 ¿Qué están haciendo tus padres? (Preparar – cena)
3 ¿Qué estáis haciendo? (Jugar – fútbol)
4 ¿Qué está haciendo tu profesor? (Dar – deberes)
5 ¿Qué estáis haciendo? (Hacer – deberes)

3 Answer the questions with the correct form of the past continuous:

¿Qué estabas haciendo?

Example: (Hacer/deberes)   *Estaba haciendo los deberes.*

1 (Ver – tele)
2 (Leer – libro)
3 (Mirar – camisetas)
4 (Dar – paseo)
5 (Bajar – calle)
6 (Preparar – comida)
7 (Hacer – natación)
8 (Hablar – por teléfono)

4 Write down the correct form of the past continuous or the preterite.

Example: *(Bajar) la calle cuando (ver) un camión enorme.*
Estaba bajando la calle cuando vi un camión enorme.

1 (Hacer) los deberes cuando (sonar) el teléfono.
2 (Ver) la tele cuando (oir) un ruido.
3 (Hablar) con mi hermana cuando (llegar) mis amigos.
4 (Hacer) natación cuando (empezar) a llover.
5 (Comer) cuando (entrar) mi madre.
6 (Andar) por la calle cuando (caerse).
7 (Buscar) la tienda cuando (perder) mi bolsa.
8 (Salir) del cine cuando (ver) a mis amigos.

Vocabulario

las vacaciones	*holidays*	los viajes	*travel*
el aire libre	*open air*	el avión	*plane*
una actividad	*activity*	el aeropuerto	*airport*
la montaña	*mountain*	el andén	*platform*
la playa	*beach*	un asiento	*seat*
una visita cultural	*cultural visit*	una azafata	*air hostess*
		un billete	*ticket*
		la consigna	*left luggage*
el alojamiento	***accommodation***	el equipaje	*luggage*
		la estación	*station*
el agua caliente	*hot water*	(no) fumador	*(non-)smoking*
un albergue	*hostel*	el horario	*timetable*
el aparcamiento	*parking*	la información	*information*
un apartamento	*apartment, flat*	un(a) pasajero/a	*passenger*
un cámping	*campsite*	un pasaporte	*passport*
las duchas	*showers*	(de) primera clase	*first class*
un sitio	*pitch*	próximo/a	*next*
		un retraso	*delay*
un hotel	*hotel*	la sala de espera	*waiting room*
una habitación	*room*	(de) segunda clase	*second class*
una habitación doble	*double room*	los servicios	*toilets*
las instalaciones	*facilities*	la taquilla	*ticket office*
media pensión	*half board*	el tren	*train*
pensión completa	*full board*	la ventanilla	*train window*
una piscina	*swimming pool*	un vuelo	*flight*
la recepción	*reception*		
unas vistas al mar	*sea view*	durar	*to take (time), to last*
		hacer transbordo	*to change trains*
alojarse	*to stay*	llegar	*to arrive*
alquilar	*to rent*	salir	*to leave*
preguntar	*to ask*	viajar	*to travel*
reservar	*to book*	volar	*to fly*

1 Look at the weather symbols for yesterday, today and tomorrow.

Read the sentences and correct them if you find an error.

Ayer	Hoy	Mañana
1 a	b 40°	c
2 d 10°	e	f
3 g	h	i
4 j	k	l

1 Ayer hizo sol. Hoy hace mucho calor. Mañana va a haber tormenta.
2 Ayer hizo calor. Hoy está lloviendo. Mañana va a estar despejado.
3 Ayer estuvo nevando. Hoy está nublado. Mañana va a hacer frío.
4 Ayer hubo niebla. Hoy hace mal tiempo. Mañana va a hacer viento.

2 **A** Listen to the weather forecast for tomorrow and, using the symbols in activity 1 (a–l), indicate what the weather will be like in the following cities:

1 Madrid   4 Alicante
2 Sevilla   5 La Coruña
3 Barcelona   6 Cáceres

B Listen to the weather forecast for the coming week in Madrid. Write a summary in English of what the weather will be like.

1 A principios de semana...
2 A mediados de semana...
3 El fin de semana...

3 You are spending a week on the Costa del Sol. Write a postcard to your pen pal who lives in Madrid. Describe the weather over the last few days, and include a forecast for the rest of your stay.

4 Listen to some young Spanish people talking about bars in Spain.

A Make a list of the drinks and snacks mentioned.

B Mention two advantages of the bars in Spain.

5 Practise the following dialogue with a partner.

Cliente: ¡Oiga, por favor!
Camarero: Dígame.
Cliente: ¿Nos pone dos cervezas, una limonada y un vino tinto, por favor?
Camarero: Muy bien. Limonada no hay.
Cliente: ¿Tiene zumo de naranja?
Camarero: Sí, natural o de botella?
Cliente: Natural. ¿Y nos trae una ración de queso y unas aceitunas, por favor?
Camarero: Vale.

Practise further dialogues by changing the underlined details.

Record your dialogues together. Do they sound good to you? Can your friends understand them?

6 Read the advertisements for these restaurants and answer the questions:

La Torre de Oro

Carretera del Aeropuerto, Zaragoza.
Cierra lunes. Tarjetas: admite todas. Entre 3.500 y 5.500 pesetas. Sopa de pescado: 800 pesetas. Cogote de merluza: 1.800 pesetas. Mottos con crema de alubias: 1.500 pesetas. Sufflé de chocolate: 700 pesetas.

El Jardín

Antonio Machado, 12, Barcelona.
Tarjetas de crédito: todas. Cierra los domingos y festivos, sólo por la noche. Entre 4.500 y 5.500 pesetas. Arroz con borrajas y almejas: 1.250 pesetas. Lomos de merluza con lentejas y calamarcitos: 1.900 pesetas. Pechuga de pato con melocotones: 1.700 pesetas. Dulce de requesón y miel: 600 pesetas.

La Fonda

San Francisco, 23, Lasarte.
Cierra los lunes. Tarjetas: Visa y Mastercard. Precio: entre 1.500 y 2.500 pesetas. Menú: 1.000. Parrillada de verduras: 485 pesetas. Fideos negros: 690 pesetas. Cigalas con pollo: 990 pesetas. Crema catalana: 260 pesetas.

El Molino del Monte

Arena, 4, San Sebastián.
Cierra domingos noche y lunes. Tarjetas: admite todas. Entre 3.500 y 5.500 pesetas. Tartaleta de setas: 1.000 pesetas. Rabo de toro: 1.700 pesetas. Rodaballo con salsa de puerros: 1.900 pesetas. Surtido de chocolate: 500 pesetas.

1 Which is the only restaurant open on Mondays?
2 Which restaurant does not accept all credit cards?
3 Which is the cheapest restaurant?
4 Where can you eat a typically Spanish dish?
5 Where can you eat a fish and seafood dish?
6 Which is the most expensive desert and where can you eat it?

7 Listen to six restaurant bookings being made on the phone. Look at the layout of the restaurant and choose a suitable table for each booking. Write down the name and the time for each table.

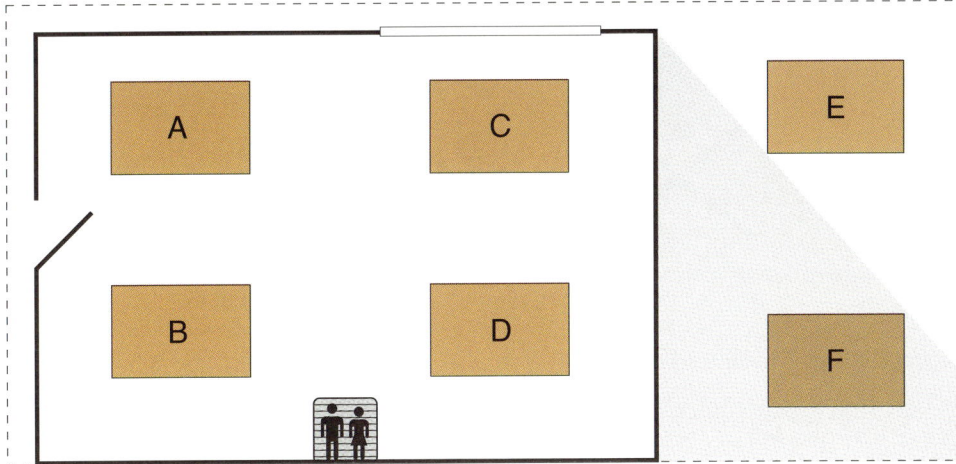

8 You are in a restaurant. Practise the following dialogue with a partner.

Cliente: Buenos días. ¿Hay una mesa libre?
Camarero: Sí. ¿Para cuántas personas?
Cliente: Cuatro. ¿Tiene una mesa cerca de la ventana?
Camarero: Están todas ocupadas, pero hay una cerca de la entrada.
Cliente: De acuerdo.

Practise further dialogues changing the underlined words. Use the following examples:

| en la terraza | a la sombra | al sol | en un rincón | lejos de los servicios |

9 A Sometimes problems occur! Link the sentences to the pictures:

1 No tengo tenedor.
2 No tengo cuchillo.
3 No tengo cuchara.
4 ¿Me trae la sal?
5 ¿Me trae la pimienta?
6 ¿Me trae el aceite?

7 La carne está poco hecha.
8 La sopa está fría.
9 El vaso está sucio.

10 No he pedido esto.
11 ¡Tengo prisa!
12 ¡Hay un error en la cuenta!

B Create an entire dialogue in the restaurant using all the phrases from activities 5, 8 and 9. Practise it with a partner.

Record these dialogues and use the tapes for revision.

10 A You are in a hotel. Link the sentences with the pictures to express the problem.

1 El ascensor no funciona.
2 No hay jabón en la habitación.
3 ¿Puede cambiarme las toallas?
4 La luz no funciona.
5 El lavabo está atascado.
6 Hay demasiado ruido.

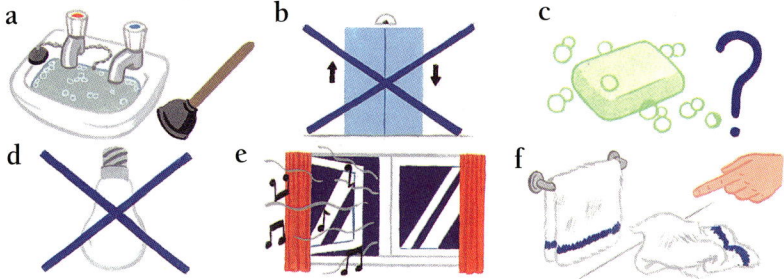

a   b   c

d   e   f

B Practise expressing these problems with a partner.

11 A Practise the following dialogue with a partner.

Cliente: Buenos días. Tengo una reserva para una habitación doble con baño.
Empleado/a: Aquí tiene la llave número once. La habitación está en el primer piso.
Cliente: Hay un problema. La habitación no da al mar.
Empleado/a: Lo siento. Están todas reservadas.
Cliente: Bueno. Me quedo con esta habitación. Pero ¿me da otra almohada?
Empleado/a: En seguida.

B Practise further dialogues changing the underlined words and practise these with a partner.

12 Read the beginning of this letter of complaint to a hotel.

> Muy señor/a mío/a:
>
>   Le escribo para expresar mi insatisfacción durante mi estancia en su hotel.
>   Al llegar a recepción tuve que esperar mucho tiempo antes de poder recoger la llave de mi habitación. Luego, la habitación no daba al mar como había pedido. Las toallas estaban sucias y no había jabón

> **Use the correct past tenses – the preterite for action and the imperfect for description.**

Now write your own letter of complaint to a hotel.

★ ★ ★
Hotel Residencia
Miramar

✧ Habitaciones con baño y ducha
✧ Restaurante gastronómico
✧ Vistas al mar
✧ Jardín tropical
✧ Piscina al aire libre

13 A Study the information on these two hotels. Listen to eight tourists (1–8) giving their opinions and decide which hotel they are talking about.

FICHA

● Habitaciones: 8 ● Aparcamiento exterior, garaje, jardín, sala de convenciones, bar, restaurante. Habitaciones con teléfono, minibar y televisión en color. Rampa para minusválidos. Admite perros.

x

Arquitectura 9	Confortabilidad general 9
Decoración 10	Confort habitaciones 8
Estado de conservación 9	Servicio habitaciones 8
Señalización 7	Aseos 9
Ambiente 10	Desayuno 9
Atención 10	Tranquilidad interior 9
Instalaciones 8	Tranquilidad exterior 10

Puntuación de 0 a 10: 9 Relación calidad / precio: 9 Establecimiento con encanto Entorno ecológico

FICHA

y

● Habitaciones: 17 ● Aparcamiento exterior, sala de estar, restaurante. Habitaciones con teléfono y televisión en color. No hay facilidades para minusválidos. Animales, prohibidos.

Arquitectura 8	Confortabilidad general 7
Decoración 5	Confort habitaciones 6
Estado de conservación 8	Servicio habitaciones 6
Señalización 7	Aseos 5
Ambiente 6	Desayuno 4
Atención 8	Tranquilidad interior 8
Instalaciones 5	Tranquilidad exterior 9

Puntuación de 0 a 10: 10 Relación calidad / precio: 10 Establecimiento con encanto Entorno ecológico

B Read the following sentences and indicate which hotel (x or y) they correspond to and also to which of the above categories (architecture, decoration, etc.):

1 El edificio del hotel era precioso y muy original.
2 Los muebles del hotel no eran muy buenos y no había nada en las paredes.
3 Por las mañanas no nos daban mucho de comer y el café no era bueno.
4 Las camas eran cómodas.
5 Aunque muy pacífico, de vez en cuando se oía pasar algún coche.

C You have stayed for a few days in the two hotels. Write a letter to your pen pal describing them and comparing them. Then recommend the best one in your opinion. Use sections A and B as examples.

14 Read the information about special trips in Spain and abroad for Spanish people.

¡Todos rumbo a París!

★ Cuando llegues a uno de los hoteles incluidos en esta promoción *Fin de semana en París*, te entregarán un folleto en el que encontrarás el carné *Visitas de París*, con importantes descuentos en muchos lugares turísticos de esta ciudad, una tarjeta bono-metro válida para dos días totalmente gratis, una guía y descuento del 10 por ciento en las famosísimas Galerías Lafayette. Además, los restaurantes asociados te darán una muy especial acogida. Si viajas con niños de menos de 12 años, en tu misma habitación, lo harán gratis. Infórmate en la **Maison de la France**: (91) 5 76 31 44 y (93) 3 18 01 91.

A PARIS *Week-end en Liberté*

La Torre Eiffel, uno de los símbolos de París.

Notre Dame, verdadera joya arquitectónica.

TEXTOS: CARMEN GARIJO. FOTOS HUESCA: RICARDO AZON

Días dorados en Tenerife

★ Dos noches de alojamiento en el Hotel Mencey de Tenerife, con desayuno bufé, entrada al Museo Arqueológico, importantes descuentos en una selección de tiendas, uso sin cargo o con descuento de instalaciones deportivas, golf... Oferta válida hasta el 31 de marzo.

Thailandia a todo lujo

★ Avión en línea regular, traslados en un *Mercedes* con chófer y guía de habla hispana, hotel de primera categoría, desayuno americano y seguro de viaje. Estas son algunas de las ventajas que te ofrece **Viajes Astrolabio** si decides viajar con ellos a Thailandia entre el 6 de enero y el 30 de marzo de 1995. Una semana en Bangkok sale por unas 115.000 ptas, y tienes disponible cualquier itinerario que tú elijas.

A Link the advantages (1–3) to the conditions (a–c):

1 Unas vacaciones en condiciones lujosas donde puedes elegir lo que haces.
2 Unas vacaciones con muchas ventajas económicas sobre todo si viajas con la familia.
3 Unas vacaciones donde se puede combinar sol, cultura y deporte.

a Tienes que reservar antes del 31 de marzo.
b Tienes que quedarte en uno de los hoteles que forman parte de la promoción.
c Sólo tienes tres meses para hacer la reserva.

B Answer these questions:

1 Which holidays are recommended if you have young children?
2 Which holidays are recommended if you only have a few days?
3 Which holidays are recommended if you want to be sure that there will be no problems?

> Don't panic if you don't understand everything. Pick out key words that you think will help you answer the questions.

15 Write a letter to your pen pal describing you holidays.

Use the following ideas. Choose the correct verb and put the sentences in order.

El hotel (era/tenía) muy cómodo; (era/tenía) muchas ventajas; pero (era/tenía) una habitación con vista al jardín en lugar de la playa.

(Llegué/Decidí) ir de vacaciones al sol.

A pesar de los problemas las vacaciones (tenían/eran) muy agradables.

(Jugué/Fui) a la playa; (hice/leí) excursiones; (comí/fui) a restaurantes; (bailé/canté) en las discotecas.

(Hubo/Tuvo) un problema: (hubo/tuvo) un robo en el hotel; (robaron/comieron) dinero y cheques de viaje.

(Comí/Leí) muchos folletos antes de decidir.

(Tomé/Pensé) la decisión de ir a España – a la Costa Blanca.

(Viajé/Llegué) en avión: (hubo/tuvo) un retraso de dos horas.

(Hizo/Hubo) mal tiempo.

En el viaje de vuelta no (hubo/tuvo) problemas.

Práctica

Use of the imperfect tense

1 Write down the correct form of the imperfect tense.

Cuando (tener) diez años, (ser) un chico extrovertido y animado. (Tener) el pelo corto y rizado y (ser) bastante bajo. (Vivir) con mis padres pero nunca (estar) en casa. (Ir) a casa de mis amigos y (jugar) con ellos en el parque. (Llevar) camisetas de colores y zapatillas de deporte. (Comer) galletas y (beber) leche. (Tener) problemas en el colegio porque no (hacer) los deberes.

2 Write down the correct form of the imperfect tense.

1 El viaje (ser) largo y difícil.
2 El avión (estar) lleno.
3 Las azafatas (tener) mucho trabajo.
4 El hotel (ser) grande y lujoso.
5 La habitación (tener) vistas al mar.
6 No (haber) bastante toallas.
7 El cuarto de baño (estar) un poco sucio.
8 (Ir) a la playa todos los días.
9 Siempre (haber) mucha gente en la playa.
10 Después de nadar, (tomar) el sol.

3 Write down the correct form of the imperfect tense.

1 Me he roto el brazo mientras (jugar) al tenis.
2 He perdido la cartera mientras (hacer) las compras.
3 Hice mis deberes mientras (escuchar) la radio.
4 Mi hermana (preparar) la comida mientras que yo (poner) la mesa.
5 Mis amigos (querer) ir al cine mientras que yo (querer) ir al teatro.

4 Choose the correct form of the preterite tense or the imperfect tense.

1 Ayer (ir) al cine pero la película no (ser) buena.
2 (Tener) muchos problemas con los deberes ayer porque (ser) muy difíciles.
3 Ayer (limpiar) toda la casa y después (estar) bastante cansado.
4 El sábado pasado (invitar) a mis amigos porque mis padres no (estar).
5 (Ser) muy divertido porque (bailar) toda la noche.
6 (Haber) mucho ruido y los vecinos (enfadarse).
7 Cuando (volver) mis padres, (estar) muy enfadados también.
8 (Llamar) la recepción del hotel para decir que no (haber) jabón en el cuarto de baño.
9 (Decidir) hacer natación pero el agua (estar) demasiado fría.
10 El museo (estar) muy lejos así que (ir) en autobús.

5 Choose the correct form of the preterite tense or the imperfect tense.

El otro día (ir) de compras al Corte Inglés. (Querer) comprar un regalo para mi familia. (Haber) muchas cosas bonitas y no (poder) decidir. (Ver) a una mujer muy rara en la sección Hogar. (Ser) muy grande y (tener) el pelo largo y negro. (Ir) vestida toda de negro. (Llevar) una camisa negra y una falda negra muy larga. La falda (tener) puntitos rojos. También (llevar) gafas de sol. De repente la mujer (coger) un plato y lo (poner) en su bolsa. (Mirar) a su alrededor pero no me (ver). (Estar) nerviosa pero (coger) otro plato antes de dirigirse hacia la salida. Yo (tener) un poco miedo pero (decidir) llamar al guarda de seguridad.

6 You have witnessed a robbery. Describe what you saw and what you did.

Vocabulario

el tiempo	weather
el buen tiempo	good weather
la lluvia	rain
el mal tiempo	bad weather
la niebla	fog
la nieve	snow
una nube	cloud
el sol	sun
las temperaturas	temperature
la tormenta	storm
el viento	wind
alcanzar	to reach
bajar	to go down
estar despejado	clear skies
estar nublado	to be cloudy
haber niebla	to be foggy
haber tormentas	to be stormy
hacer sol	to be sunny
hacer viento	to be windy
llover	to rain
mejorar	to improve
nevar	to snow
subir	to go up

las bebidas	drinks
el agua	water
el café	coffee
el coñac	brandy
la leche	milk
la limonada	lemonade
la naranjada	orangeade
la sangría	sangría
el té	tea
el vino blanco	white wine
el vino tinto	red wine
el zumo de naranja	orange juice

las tapas	snacks
unas aceitunas	olives
unas anchoas	anchovies
el jamón	ham
unas patatas fritas	crisps
una ración	a portion
el queso	cheese

los platos típicos	typical dishes
la carne	meat
el cocido madrileño	Madrid stew
los mariscos	seafood
la paella	paella
el pescado	fish
el pollo asado	roast chicken
el postre	dessert
el primer plato	first course
el segundo plato	main course
la tortilla española	Spanish omelette

el restaurante	the restaurant
una cuchara	spoon
una cucharita de café	coffee spoon
un cuchillo	knife
la cuenta	bill
el menú	menu
una mesa	table
un platillo	saucer
un plato	plate, dish
un rincón	corner
roto/a	broken
una servilleta	serviette
la sombra	shade
sucio/a	dirty
una taza	cup
un tenedor	fork
la terraza	terrace
un vaso	glass
faltar	to be missing
reservar	to book

el alojamiento	accommodation
una almohada	pillow
el ascensor	lift
el jabón	soap
el lavabo	sink
la luz	light
el ruido	noise
la toalla	towel
cambiar	to change
dar	to give
estar atascado/a	to be blocked
funcionar	to work
necesitar	to need

Comprar y comer 9

1 A Listen to these four young people and write down their favourite food.

Which of the following dishes are most appropriate for them?

a gazpacho andaluz
b pollo asado
c paella de mariscos
d helado de chocolate

B Practise the following questions with a partner.

¿Qué te gusta comer?
¿Cuál es tu plato preferido?

2 A The supermarket is closed! Listen to María's shopping list and write down in order which shops she will need.

a) panadería

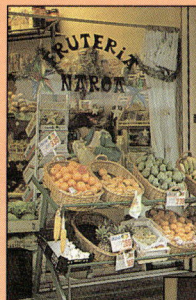
b) frutería

c) pastelería

f) tienda de alimentación

d) carnicería

e) pescadería

B Make a shopping list with ten items. Include which shop you will need for each item.

Lista de compras

Aspirinas	Farmacia

3 **A** Listen to these announcements of special offers in the supermarket and link the items with the reduced prices.

1

2

3

4

5

6

7

a)	1.190 ptas
b)	269 ptas
c)	325 ptas
d)	349 ptas
e)	995 ptas
f)	215 ptas
g)	775 ptas

B Listen once more and write down the original price of each item.

4 Listen to four dialogues in a grocery shop (1–4) and write down:

a the item
b the quantity
c the price

5 **A** Here are four problems which can occur whilst shopping.
Link each problem (1–4) with the correct picture:

1 Lo siento, no queda aceite.

2 Es demasiado caro.

3 Esta fruta no es fresca.

4 Lo siento, no aceptamos tarjetas de crédito.

a

b

c

d

B Which of the above would the customer say and which would the assistant say?

6 Read the following dialogue and write down the correct sequence of the pictures.
Then practise the dialogue with a partner.

Cliente:	Quisiera medio kilo de tomates.
Dependienta:	Muy bien. ¿Algo más?
Cliente:	Sí, ¿tiene zanahorias?
Dependienta:	Lo siento, no quedan.
Cliente:	Pues, ¿cuánto valen las judías?
Dependienta:	50 pesetas el kilo.
Cliente:	Bueno, deme un kilo de judías.
Dependienta:	En total son 325 pesetas.
Cliente:	Sólo tengo un billete de 5.000 pesetas.
Dependienta:	Está bien, tengo cambio.

7 Practise the following dialogues with a partner.

8 Read this letter from you Spanish pen pal about some typical Spanish dishes. Write a similar letter describing some typical dishes from your country.

Use what you can from the stimulus letter.

¡Hola!

¿Qué tal estás? Antes de visitarme aquí en España te voy a decir lo que nosotros comemos. Así, puedes escribirme por si acaso no te gusta alguna cosa. Pues, lo que comemos mucho de primer plato es la tortilla de patatas. De segundo comemos o carne o pescado. Aquí en España comemos muchos mariscos (por ejemplo, en la paella) y platos con bacalao o merluza. También nos gusta hacer un cocido madrileño con muchas verduras y chorizo. De postre, solemos comer fruta ya que aquí en España es muy rica.

9 A Look at this recipe to make a Spanish omelette (tortilla) and link the instructions (a–l) with the pictures.

TORTILLA PAISANA

A Pelar y picar finamente la cebolla y el perejil.

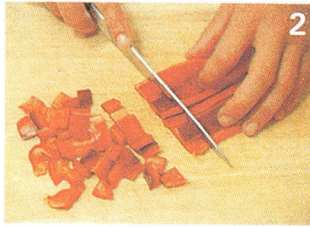

B Sugerencia: Añadir el jamón y dejar freír 3 minutos más.

C Pelar y cortar las patatas en daditos de 1 cm. Quitar las puntas de las judías y trocearlas.

D En el mismo aceite verter la mezcla de huevo y dejar cuajar por un lado.

E Cocer las patatas en agua hirviendo con sal 8 minutos, escurrir y dejar enfriar.

F Agregar el perejil y el sofrito de cebolla y pimiento.

G Quitar el pedúnculo y las semillas del pimiento rojo y cortarlo en cuadritos.

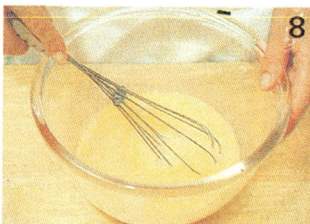

H Cocer aparte las judías en agua hirviendo con sal 10 minutos, escurrir y dejar enfriar.

I En un bol grande batir ligeramente los huevos y sazonar al gusto.

J Calentar el aceite en la sartén y freír la cebolla y el pimiento 10 minutos.

K Incorporar las patatas y las judías.

L Darle la vuelta y dejar cocer hasta que esté totalmente cuajada.

B Make a list of the ingredients.

C Write down an easy recipe for you pen pal in Spain – a typical regional dish or an old family recipe.

10 **A** Listen to these three young people (1–3) and decide who corresponds to which photo (a–c).

B Listen once more and make a list of the clothes that they like wearing in their free time.

C Practise answering the following question:
¿Qué te gusta llevar durante tu tiempo libre?

> Look at the illustrations for clues before and during listening.

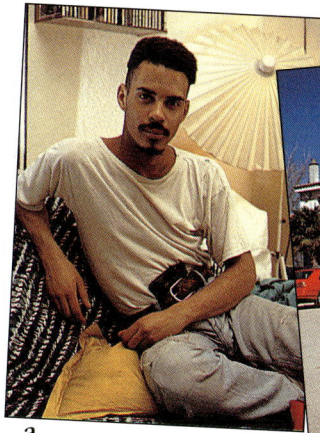

a

b

c

11 You are going to visit you pen pal. Write a short letter describing what you will be wearing when you arrive. Complete the text.

¡Hola!
Aunque ya tienes una foto mía, te explico lo que voy a llevar cuando llegue al aeropuerto. Así podrás reconocerme más fácilmente. Como seguramente hará mucho calor, voy a llevar....

12 Link what the shop assistant says with the correct picture:

1 ¿Qué talla usa?

2 ¿Qué número usa?

3 ¿De qué color quiere la camisa?

4 ¿Quiere probarlo?

5 Lo siento, no tenemos una talla más pequeña.

6 Lo siento, no quedan camisetas azules.

13 **A** Practise the following dialogue with a partner.

Cliente:	Quisiera comprar una camiseta.
Dependiente:	¿De qué talla?
Cliente:	Grande, por favor.
Dependiente:	¿De qué color?
Cliente:	Roja. ¿Puedo probármela?
Dependiente:	Claro. Venga por aquí.
Cliente:	Es demasiado grande. ¿Tiene una talla más pequeña?
Dependiente:	Lo siento. No quedan camisetas rojas de talla mediana.
Ciente:	¿Tiene la talla mediana en otro color?
Dependiente:	Sí, aquí tiene en amarillo.

> The more you practise, the easier it is to remember.

B Create further dialogues changing the underlined words.

14 Listen to four announcements (1-4) in a department store. There are special offers on in four fashion departments. Write down:

a The department and where it is.
b For how long the offer is on.
c The items on offer and the prices.

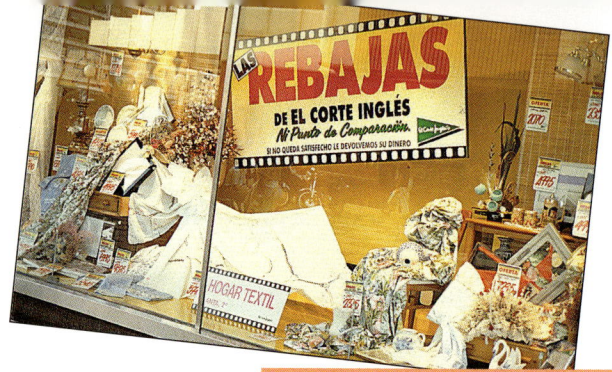

Do not expect to identify all the answers in one go. Concentrate on one detail per recorded item at a time.

15 Read the article and answer the questions.

CURIOSIDADES

Rebajas en Harrod's: un acontecimiento nacional

En España, sabemos que llegan las rebajas por los múltiples anuncios que aparecen en los periódicos y por los brillantes letreros que en las tiendas invitan a entrar. Son un hecho importante, pero no llegamos a extremos como los de Inglaterra. La temporada de rebajas en los almacenes Harrod's – que es donde cuentan que compra la Reina – es todo un acontecimiento nacional, como puede ser la apertura del Parlamento inglés. El año pasado acudió Richard Gere a dar el pistoletazo de salida de la época de descuentos así que ¡es importante! Decenas de millares de personas se desplazan a la capital británica para dar la bienvenida a las rebajas. Algunos son capaces de aguantar estoicamente tres días y tres noches en una larga cola a la entrada de los almacenes. Es cuestión de entrar el primero.

Rebajas, saldo o liquidación

Por rebaja se entiende la reducción del precio de un producto. El objeto debe ser de la misma calidad que antes de rebajarlo. El saldo, en cambio, es un producto que se abarata porque presenta algún defecto o tara o no es actual. La liquidación se realiza cuando la tienda en cuestión intenta vender todas las existencias que tiene almacenadas por cese o por cambio de negocio.

Así se llenan: así compramos

Los mayores grandes almacenes de España esperan recibir sólo en su primer día de Rebajas de enero y sumando todos sus centros, la asistencia de ¡un millón de personas! Por otra parte, éstos aumentan durante el mes de enero un 25 por ciento sus ingresos.

Compramos mucho más

Normalmente, en rebajas compramos muchas más cosas de las que necesitamos. Siempre vamos a buscar algo que nos hace falta y nos llevamos algo más porque está en oferta y es una verdadera ganga. Es muy difícil resistirse ...

En invierno hay más fraudes

Normalmente, hay más fraudes en las rebajas de invierno que en las de verano. Se reciben más reclamaciones porque se compra más y las prendas que se compran son más caras.

1 How, in Spain, do you know that the sales are starting?
2 With what national event in England are the sales compared?
3 What do you need to do to go in first?
4 What is the price reduction called in Spanish when:
   a the items are slightly damaged?
   b when the shop is closing down?
   c when new items are sold at reduced prices?
5 What are the two advantages for a shop during the sales?
6 What problem occurs for the customer during the sales?

16 Read this letter from your pen pal requesting that you write about young people's fashion in your country.

Estoy trabajando en la redacción de la revista de mi instituto. Necesitamos artículos sobre jóvenes de otros países. Este mes el tema es la moda. ¿Me puedes enviar un artículo de unas 100 palabras sobre la moda de los jóvenes de tu país?

Nos gustaría saber el estilo de pelo que está de moda, los colores y las prendas que se llevan, y los accesorios. También nos gustaría saber tus opiniones sobre este tema. En España en este momento las chicas llevan el pelo muy corto y teñido de rubio. Los chicos llevan el pelo largo. Los colores vivos están muy de moda y se llevan mucho los vaqueros negros...

Use what you can from the stimulus letter. You can add as many details as you like, re-using the same language structures.

Now, write the article as requested.

Práctica

Use of demonstrative adjectives

Use of possessive adjectives and pronouns

Use of interrogative pronouns

1 Choose the correct demonstrative adjective in each case.

1 _____ maleta es muy grande.
2 No me gusta _____ disco.
3 _____ niños son muy ruidosos.
4 ¡Qué ricas están _____ naranjas!
5 _____ días estoy un poco cansado.
6 _____ coche no funciona muy bien.
7 Lo siento pero _____ peras no están frescas.
8 Deme un kilo de _____ plátanos, por favor.
9 _____ camisa me queda demasiado estrecha.
10 _____ pantalón tiene una mancha.

2 Choose the correct possessive adjective.

1 (Mi/Mis) gato no está aquí.
2 No tengo (mi/mis) pasaporte.
3 He perdido (mi/mis) llaves.
4 (Mi/Mis) padres son muy amables.
5 ¿Por qué no hiciste (tu/tus) deberes?
6 Mi hermana ha roto con (su/sus) novio.
7 Mi familia está triste porque (nuestro/nuestros) perro está enfermo.
8 Tenéis que hacer (vuestro/vuestros) deberes antes de salir.
9 Mi madre está enfadada porque ha perdido (su/sus) anillo preferido.
10 Mi amigo está muy preocupado porque no puede olvidar (su/sus) problemas.

3 Correct the possessive pronoun.

1 Estas llaves son mío.
2 ¿De quién es este cuaderno? ¿Es tuyas?
3 Prefiero mi coche al suyos.
4 ¿Son vuestro estos libros?
5 Esta camisa no es tan bonita como la míos.
6 Nuestro coche no es tan rápido como el vuestra.
7 Me gustan estas zapatillas pero no son tan cómodas como las mía.
8 ¿Vamos en mi coche o en el tuyas?
9 ¿ Estos calcetines son mías o tuyo?
10 No tengo mi tarjeta de crédito. ¿Tienes la tuyos?

4 Choose the correct interrogative pronoun.

1 ¿(Cómo/Qué/Cuál) te llamas?
2 ¿(Cómo/Qué/Cuál) es tu número de teléfono?
3 ¿(Qué/Quién/Cuál) prefieres hacer esta noche?
4 ¿(Qué/Cómo/Cuál) de estas camisetas prefieres?
5 ¿(Cuándo/Cuánto/Cuál) vas a ir al cine?
6 ¿(Dónde/Adónde/De dónde) vas a ir esta noche?
7 ¿(Qué/De quién/Quién) es tu mejor amiga?
8 ¿(Por qué/Para qué/De qué) sirve esta toalla?
9 ¿(Quién/A quién/De quién) diste el regalo?
10 De todas estas zapatillas ¿(cuál/qué/cuáles) son más cómodas?

Vocabulario

la comida	food
el aceite	oil
el azúcar	sugar
el bacalao	cod
un bistec	beefsteak
los calamares	squid
la carne	meat
el cerdo	pork
una chuleta	chop
las espinacas	spinach
la fruta	fruit
una galleta	biscuit
un gramo	gramme
el helado	ice cream
el jamón	ham
las judías	beans
un kilo	kilo
una lata	tin
un litro	litre
una manzana	apple
los mariscos	seafood
un paquete	packet
el pan	bread
las patatas	potatoes
una pera	pear
el pescado	fish
la pimienta	pepper
un plátano	banana
el pollo	chicken

el queso	cheese
la sal	salt
la ternera	veal
los tomates	tomatoes
las uvas	grapes
las verduras	vegetables

las tiendas	shops
la carnicería	butcher's
el /la cliente/a	customer
la confección de caballeros	menswear
la confección de señoras	ladieswear
el/la dependiente/a	shop assistant
la frutería	fruitshop
los grandes almacenes	department store
el mercado	market
la panadería	bakery
la pastelería	cakeshop
la peletería	leathershop
la pescadería	fishmonger
el supermercado	supermarket
la verdulería	greengrocer's
la zapatería	shoeshop

comprar	to buy
devolver	to return
pagar	to pay
reclamar	to complain

La salud y el bienestar 10

1 Listen to the following people (1–6) and decide what is hurting them (a–f).

2 Listen to the instructions for an aerobic exercise and put the parts of the body in the order in which you heard them.

los pies
las manos
las rodillas
los brazos
la cabeza
la pierna

3 Listen to four young people (1-4) and decide what happened to them (a-f) and how (g-l).

¿Qué?

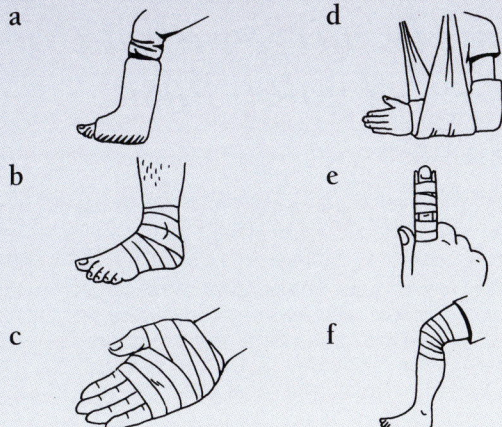

¿Cómo?

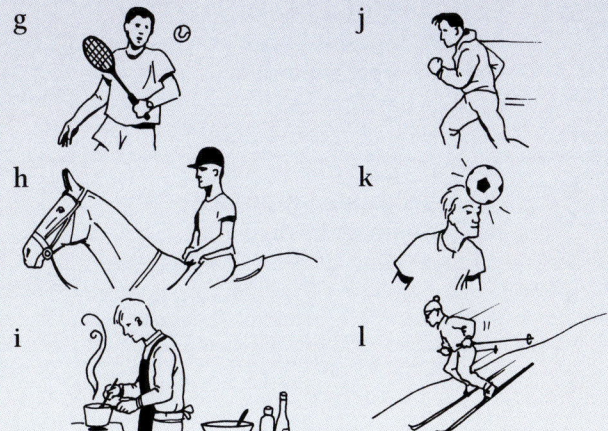

4 A Read this dialogue at the chemist and write down the problem and the remedy.

Farmacéutica:	Buenos días. ¿Qué desea?
Cliente:	Buenos días. ¿Tiene algo para el dolor de garganta?
Farmacéutica:	¿Tiene otros síntomas?
Cliente:	Sí. También me duele la cabeza.
Farmacéutica:	Aquí tiene unas pastillas para la garganta y una aspirina para el dolor de cabeza.
Cliente:	¿Cuántas pastillas tengo que tomar al día?
Farmacéutica:	Dos pastillas cada cuatro horas.
Cliente:	Muchas gracias. Adiós.

B Practise other dialogues with a partner using the pictures (a–j).

5 Look at the advertisement for this medicine and answer the questions:

1 For which part of the body is it to be used?

2 Is it suitable for children?

3 Do you need to speak to your doctor if you are using this medicine for less than three days?

4 Which of the following are the correct instructions for use, a, b, or c?

  a Un comprimido cada 4–6 horas. No se excederá de 4g (6 comprimidos) en 24 horas.

  b Una o dos gotas en cada orificio nasal, como máximo tres veces al día.

  c Aplicar una o más veces al día el gel dando un suave masaje a fin de favorecer la absorción.

Otrivín®
NEBULIZADOR

Descongestiona la nariz y alivia el goteo nasal

◢ Zyma

Clorhidrato de Xilometazolina. No utilizar más de 3 días seguidos, sin consultar a su médico. Consulte con su médico o farmacéutico. No utilizar en niños menores de 6 años. Lea las instrucciones. CPS 94.146

6 Read the notice for this medicine and decide whether the following sentences are true or false.

1 This medicine is suitable for a cold.
2 This medicine is used for a stomach ache.
3 Adults must not take more than six pills a day.
4 This medicine is not suitable for children under six years of age.

INDICACIONES
Este producto está especialmente indicado para el tratamiento del resfriado común y la gripe. Tratamiento de los estados catarrales de las vías respiratorias altas. Rinitis alérgica. Fiebre del heno. Sinusitis aguda y crónica.

POSOLOGÍA
La dosificación media recomendada es la siguiente: Adultos: uno a dos comprimidos tres veces al día. Niños de 6 a 12 años: un comprimido tres veces al día.

7 Listen to three visits to the doctor. For each dialogue write down:

a the symptoms
b the doctor's diagnosis
c the doctor's advice
d whether the patient must return to see the doctor

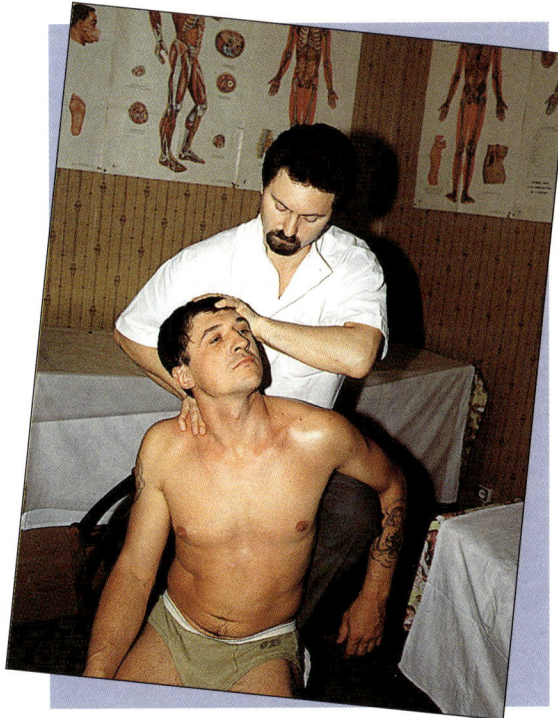

8 A Practise the following dialogue with a partner.

Médico: ¿Qué le pasa?
Paciente: Me he caído mientras jugaba al fútbol.
Médico: ¿Dónde le duele?
Paciente: Me duele el pie.
Médico: Se ha torcido el tobillo.
Paciente: ¿Es grave?
Médico: No, pero tiene que descansar el pie tres días.
Paciente: ¿Tengo que volver a verle?
Médico: No es necesario.

B Imagine that your friend fell whilst playing football. He/she doesn't speak any Spanish. Explain to the doctor what happened using the above dialogue to help you but changing the verbs as appropriate.

C Create more dialogues with your partner changing the problem each time.

9 **A** Read what Concha says.

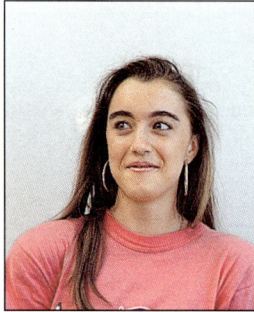

Antes solía comer demasiados dulces. Estaba gorda y no estaba en forma.

Entonces, decidí dejar de comer dulces y comer más fruta.

Ahora estoy más delgada y estoy en forma.

B Listen to three people (1–3) talking about what they did to be in shape. For each person write down:

a Before: what they used to do
b The decision: what they decided to do to be in shape
c Now: how they are now

C Write down your examples.

10 Read the golden rules to retain a good figure and decide whether the sentences are true or false:

1 It is better not to eat in the morning.
2 You can eat as much as you like for lunch.
3 It is better not to eat a lot at night and not to go to bed immediately.
4 It is better to eat a little bit of everything than a lot of just one thing.
5 Your diet must be consistent.
6 It is better not to use artificial means to loose weight.
7 Bread is not fattening.
8 Avoid a monotonous diet.

REGLAS DE ORO PARA MANTENER LA LINEA

1 Desayunar por la mañana y no saltarse esta toma tan importante en el equilibrio dietético.

2 Comer de una forma moderada a la hora del almuerzo y no repetir jamás.

3 Cenar ligeramente y no acostarte antes de una hora y media como mínimo.

4 A menos que estés siguiendo una dieta específica, normalmente, procura comer de todo pero en poca cantidad.

5 Seguir un plan de alimentación regularmente, es decir, no tener altibajos y ponerte a seguir una dieta drástica una semana para atiborrarte de todo a la siguiente.

6 Evita el uso de laxantes y diuréticos, puesto que crean hábito y además su abuso te puede llevar a no asimilar los nutrientes necesarios para el organismo.

7 Comer poco pan. Esta es una regla de oro.

8 Prepararte platos apetitosos con ensaladas y verduras variadas, sin caer en la monotonía de comer cada día lo mismo.

11 Read this paragraph and choose the correct summary:

Se dice que...

En invierno hay que comer más

Es cierto, aunque esto depende del metabolismo de cada uno, de su actividad, su peso, etcétera. Pero, en general, el organismo, para equilibrar las bajas temperaturas, aumenta en invierno las combustiones orgánicas, razón por la cual necesita algo más de energía que en verano.

a En invierno hay que comer más porque el cuerpo necesita más energía para resistir las temperaturas bajas.

b En invierno hay que comer más porque uno necesita ser más activo y tener más peso para resistir el frío.

c En invierno hay que comer más para tener energía también en el verano.

12 Read this advertisement and answer the questions:

Para ellos que no paran un segundo.

Van a la escuela, hacen deporte, bailan, van y vienen. A veces no comen bien, o comen alimentos que no les proporcionan los nutrimentos necesarios para el rápido crecimiento y el desarrollo armónico de esta edad tan importante, que es el período de transición a la edad adulta.

Y para que su adolescencia y su edad adulta estén llenas de fuerza y energía, procure nutrirlos bien, con las suficientes proteínas, carbohidratos, vitaminas y minerales.

En las ocasiones en que no comen bien, deles un vaso de la super malteada COMPLAN mezclada con leche como desayuno o merienda.

COMPLAN es el alimento en polvo que contiene la combinación balanceada de los nutrimentos que ellos necesitan.

Y COMPLAN, en sus deliciosos sabores de chocolate, fresa y vainilla y su textura de malteada, les va a encantar.

1 For whom is this product especially recommended?
2 Which activities require a lot of energy?
3 Which are the four ingredients which give energy?
4 When should you take this product?
5 Why is it easy to take and why do people love it?

13 Read this article and answer the questions:

1 The nausea described in the article is felt:
   a after having eaten too much
   b during a journey
   c whilst on a diet
2 It occurs more frequently in:
   a women, children and babies
   b women and children
   c children and babies
3 There is no cure for this type of illness. True or false?
4 Mention three ways of travelling that can produce this nausea.
5 What can one do to avoid this nausea?
6 Why can the driver of a car not take these medicines?
7 Mention two things you should do and two things you should not do during a journey.

Cinco preguntas sobre...
EL MAREO EN LOS VIAJES

1 ¿Cuáles son los síntomas?
Normalmente, se siente un malestar general, palidez, náuseas, vómitos, cefalea, sudor frío y pérdida de apetito. Es más frecuente en niños y en mujeres. No suele afectar a los lactantes. No es grave, aunque no se puede hacer mucho una vez que ya se sufre un trastorno de este tipo. Por eso, lo más efectivo es prevenirlo.

2 ¿Cómo se produce?
La sensación de movimiento percibida por la vista altera el sentido del equilibrio controlado por el oído interno. De esta forma, el balanceo de un barco, la turbulencia de un vuelo, las vueltas de un tíovivo y el paso rápido de los objetos a través de las ventanas de un coche o un tren pueden provocar el típico mareo de los viajes.

3 ¿Cómo se puede prevenir?
Lo más conveniente es tomar una medicina contra el mareo media hora o una hora antes de iniciar el viaje.

4 ¿Hay contraindicaciones?
Los medicamentos suelen provocar somnolencia, por lo que no se debe conducir. En el caso de los niños, aténgase a las indicaciones del prospecto. Hay que evitar el alcohol y procurar fijar la vista sobre objetos distantes que no estén en movimiento. No conviene leer ni viajar con el estómago vacío.

5 ¿Existe algún truco casero contra el mareo?
Se pueden colocar unas hojas de laurel en la bandeja trasera del coche, evitar el olor a tabaco o parar cada cierto tiempo para tomar el aire.

14 A Listen to the description of a road accident and write down the correct order of the pictures (a–h).

B Listen once more and with the help of the cassette and the pictures, write a summary of what happened.

C Practise telling what happened to a partner.

15 Tell the story of a skiing accident you had last year.

A Substitute the infinitives with the correct form of the verb.

bajar la pista demasiado de prisa
perder el control
llegar a la estación de esquí por la noche
cenar en el hotel
acostarse temprano
levantarse temprano
ir a la pista de esquí temprano
llevar al hospital en ambulancia
tener el brazo roto
poner una escayola
por la tarde intentar una pista más difícil
caerse en la nieve
chocar contra un árbol
subir y bajar la pista toda la mañana
haber mucha nieve
recibir la ayuda de los amigos
llamar ambulancia

recibí	cené	había	llegué	llamaron	perdí	intenté	me acosté	bajé	me levanté
choqué	bajé	fui	tenía	(me) pusieron	(me) llevaron	me caí	subí.		

B Put the sentences in the correct order to tell the story. Add more details.

Práctica

Use of *ser* and *estar*

Use of *por* and *para*

Use of prepositions

1 Choose the correct form of *ser* or *estar*.

1 Yo todavía (soy/estoy) estudiante.
2 Mi padre (es/está) empleado de oficina.
3 (Soy/Estoy) enfermo.
4 (Soy/Estoy) triste.
5 (Somos/Estamos) mucho mejor, gracias.
6 Mi padre (es/está) un hombre valiente pero ahora (es/está) un poco deprimido.
7 Mi abuela ya (es/está) mayor pero todavía (es/está) en forma.
8 (Soy/Estoy) bastante energético pero reconozco que ahora (soy/estoy) cansado.
9 Mis padres (son/están) bien aunque (son/están) preocupados.
10 Mis tíos (son/están) muy ricos porque tienen mucho dinero.
11 Mi tía siempre prepara comidas que (son/están) muy ricas.
12 Mi madre (es/está) enfadada porque ha perdido un anillo. El anillo (es/está) de oro.
13 La casa donde vivo (es/está) en el centro de la ciudad.
14 Madrid (es/está) muy lejos de Barcelona.
15 Mi dormitorio (es/está) muy pequeño y siempre (es/está) desordenado.
16 El parque de atracciones (es/está) un poco lejos pero (es/está) muy divertido.
17 ¡(Eres/Estás) un poco difícil! Siempre (eres/estás) de mal humor.
18 Si (sois/estáis) de acuerdo, vamos a la piscina. (Es/Está) cerca de aquí.
19 El profesor (es/está) muy simpático y normalmente (es/está) de buen humor.
20 Las clases (son/están) aburridas porque el profesor (es/está) muy aburrido.

2 Choose *por* or *para*

1 ¿Por/Para quién es este regalo?
2 ¿Por/Para qué quieres tanto dinero?
3 Quiero el dinero por/para poder comprarme un coche.
4 Vamos a España por/para tres días.
5 Vamos a viajar por/para todo el país.
6 Quiero visitar Madrid porque me intereso por/para los museos.
7 Voy a llamar por/para teléfono a mi amiga.
8 Muchas gracias por/para el regalo.
9 Pagué mil pesetas por/para este libro.
10 Lo compré por/para mi hermano.

3 Choose the correct preposition

1 Hoy he escrito una carta (en/a) mi amigo por correspondencia.
2 Voy a llamar por teléfono (en/a) mi familia.
3 ¿Estás (en/a) casa esta tarde?
4 Este año vamos de vacaciones (a/en) España.
5 Vamos a viajar (a/en) avión.
6 Los platos están (en/detrás de) el armario.
7 Mis zapatos están (en/debajo de) la cama.
8 Te veo luego (encima/enfrente) del cine.
9 Aprendo español (desde/hasta) hace cuatro años.
10 Estuvimos en España (desde/hasta) el día seis (desde/hasta) el día quince.

Vocabulario

el cuerpo	the body
la boca	mouth
el brazo	arm
la cabeza	head
el codo	elbow
el cuello	neck
el dedo	finger, toe
el diente	tooth
la espalda	back
el estómago	stomach
el hombro	shoulder
la garganta	throat
la muela	tooth
la muñeca	wrist
la nariz	nose
el oído	ear
el ojo	eye
la oreja	ear
el pie	foot
la pierna	leg
la rodilla	knee
el tobillo	ankle

la farmacia	the chemist's
el analgésico	painkiller
el antiséptico	antiseptic
la aspirina	aspirin
el comprimido	pill
la crema	cream
la escayola	plaster
el/la farmacéutico/a	chemist
el jarabe	syrup
el medicamento	medicine
la pastilla	tablet
la pomada	ointment
la receta médica	prescription
la tirita	plaster
la venda	bandage

los problemas de salud	health problems
un constipado	cold
un dolor	pain
una gripe	flu
una herida	wound
una quemadura	burn
Estoy constipado/a.	I've got a cold.
Me duele la cabeza.	I've got a headache.
Me duelen los dientes.	I've got toothache.
No me siento bien.	I don't feel well.
¿Tiene algo para ...?	Do you have anything for ...?
Tengo dolor de estómago.	I've got stomach-ache.

los accidentes	accidents
el cruce	crossroads
el peatón	pedestrian
el semáforo	traffic lights
caerse	to fall
chocar con	to hit, to crash into
cortarse	to cut
cruzar	to cross
dar contra	to hit (against)
doler	to hurt
ir a toda velocidad	to go at top speed
llamar al médico	to call a doctor
llamar una ambulancia	to call an ambulance
parar	to stop
quemarse	to burn
resbalar	to slip
romperse	to break
saltarse un semáforo en rojo	to go through red traffic lights
torcerse	to sprain

Los servicios públicos 11

1 Link the sentences with the pictures (a–f):

1 ¿Puede comprobar el aceite, por favor?
2 ¿Puede comprobar los neumáticos, por favor?
3 ¿Puede comprobar el agua, por favor?
4 Póngame veinte litros de súper, por favor.
5 Póngame treinta litros de gasolina sin plomo, por favor.
6 Llene el depósito de gasoil, por favor.

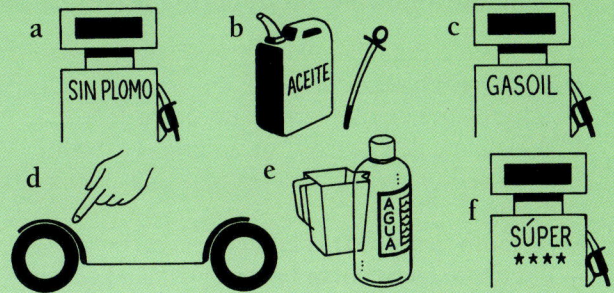

2 You are in a petrol station. Listen to these four customers (1-4) and write down:

a what type of petrol they need
b how much petrol they need
c one service they ask for

3 A Practise the following dialogue with a partner.

Cliente: Buenos días. Póngame <u>cuarenta</u> litros de <u>gasolina sin plomo</u>, por favor.
Dependiente: Muy bien. Son <u>tres mil</u> pesetas.
Cliente: ¿Puede comprobar <u>el aceite</u>, por favor?
Dependiente: Necesita <u>un litro</u> de aceite.
Cliente: ¿Venden <u>comida y bebidas</u>?
Dependiente: Sí. En el quiosco.

B Create further dialogues by changing the underlined words.

4 A When you have car problems you can call a garage from the roadside. Listen to these three calls (1–3) and state which is the correct summary:

a The driver has run out of petrol
b The driver has a puncture
c The driver cannot start the car

B Listen once more and answer these questions:

a Where has the car broken down?
b What is the car like?
c How long must the driver wait for the repair service?

5 Listen to the questions of four customers (1–4) at the post office in Madrid. Link the service, the destination and the cost.

Servicio	Destino	Tarifa
Una carta	Gran Bretaña	400 pesetas
Un telegrama	Málaga	45 pesetas
Una postal	Francia	600 pesetas
Un paquete	Barcelona	30 pesetas

6 **A** Link the following questions to the correct answers.

1 ¿Cuánto cuesta mandar este paquete a Inglaterra?
2 ¿Qué hay en el paquete?
3 ¿A qué hora cierra Correos por la tarde?
4 ¿La oficina de Correos está abierta el sábado?
5 ¿Qué sello necesito para mandar una carta a Gran Bretaña?
6 ¿Cuánto tiempo tarda en llegar la carta?
7 Y ¿cuánto cuesta mandar una postal a Escocia?
8 ¿Hay un buzón en la oficina?
9 ¿Hay que rellenar alguna ficha?

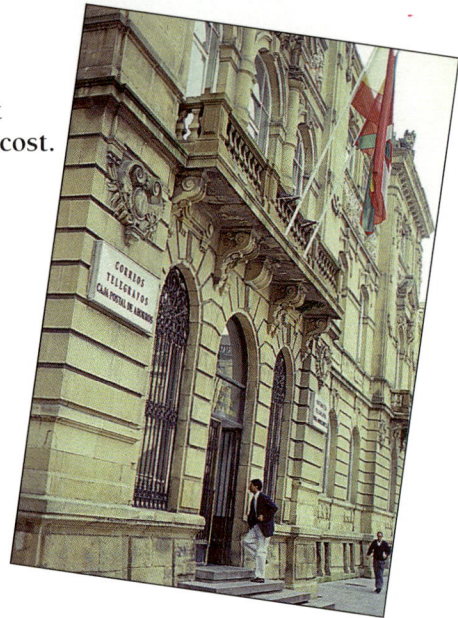

a Está abierta los sábados por las mañanas.
b Sí, tiene que rellenar esta ficha y firmar.
c Son 600 pesetas, por favor.
d Tarda cuatro días más o menos.
e Hay uno delante del edificio.
f Un libro. Es un regalo.
g Cerramos a las ocho de la tarde.
h Necesita un sello de 60 pesetas.
i Son 55 pesetas.

B Create dialogues at the post office using the above sentences.

> Try to vary dialogues by changing the details. The more you practise, the easier it is to remember.

7 Look at this form for sending a telegram and decide whether the following sentences are true or false:

1 The post office should fill in the part in red ink.
2 You must write your details in the top part.
3 You must write the text in small letters.

8 Look at the form and answer the questions:

1 Where would you find this form?
   a in the post office
   b in a shop
   c in a bank

2 What is this form used for?
   a to open an account
   b to ask for a cheque book
   c to change money

3 How much is a Pound Sterling worth?
   a 680,00 pesetas
   b 200,28 pesetas
   c 136,190 pesetas

4 What is the commission percentage?
   a 1%
   b 5%
   c 1,362%

5 How does this customer change money?
   a with a traveller's cheque
   b cash
   c with a Eurocheque

CAJA DE MADRID

COMPRA DE BILLETES EXTRANJEROS · DOCUMENTOS EN DIVIS

D.
Domicilio
Con la REF.: 060311672   Doc.Id. 00824074 Titular cta.:
                          por el concepto de   TURISMO

DOCUMENTO *	DIVISA	IMPORTE	CAMBIO	ha cedido: CONTRAVALOR
BILLETES	L.ST.	680,00	200,28	136.190

Comisiones y gastos

CAMBIO POR CAJA 1,000 0/0 (MINIMO: 500)   136.190

Fecha operación: 27.12.1994   1.362
Documentación aportada: Fecha valor: 27.12.1994   TOTAL
Observaciones: 134.828

060305 05878
            Conforme

CV: Cheque de viaje.   CAJA DE AHORROS Y MONTE DE PIEDAD DE MADRID
EU: Eurocheque.   (firma y sello)
CC: Cheque directo.
CI: Cheque indirecto.

1/2 CLIENTE

9 **A** Link the questions with the answers to make a dialogue in the bank:

1 ¿Dónde puedo cambiar libras en pesetas?
2 ¿Cuánto vale la Libra Esterlina?
3 Buenos días, ¿qué desea?
4 ¿Tengo que rellenar una ficha?
5 ¿Dónde tengo que firmar?
6 ¿Tengo que pagar comisión?
7 ¿Tiene algún documento de identidad?
8 ¿Cómo quiere el dinero?

a No hace falta.
b Tengo el pasaporte.
c Quiero billetes de mil pesetas.
d Una Libra vale 180 pesetas.
e Quiero cambiar cheques de viaje en pesetas.
f Firme aquí, por favor.
g Sí, hay un porcentaje de comisión.
h En la ventanilla de cambio.

B Practise the dialogue with a partner.

10 Read the list of advantages and disadvantages of credit cards. Then read the following sentences and decide whether they refer to an advantage or a disadvantage. Indicate which number in the text they correspond to.

Las tarjetas a examen

Ventajas

1. Son cómodas y prácticas para viajar y comprar.
2. Las de cliente y algunas de las de débito son gratuitas.
3. Evitan llevar grandes cantidades de dinero encima.
4. Posibilitan la compra a crédito y pagar más tarde.
5. Los comerciantes aumentan ventas y aseguran el cobro.
6. Posibilitan atender con comodidad gastos imprevistos.
7. Facilitan el control de los gastos.
8. Tienen ofertas exclusivas para los titulares: vales canjeables por regalos, seguros de vida, descuentos en hoteles, etc.

Inconvenientes

1. Fomentan el consumo y pueden llevar al endeudamiento.
2. Da una sensación falsa de que no gastas dinero. Cuando es al contrario (suma intereses).
3. Los plazos de los créditos son rigurosos.
4. Los interés de las tarjetas de cliente son elevados.
5. Son inseguras si se pierden o las roban.
6. En caso de error en el cajero es difícil reclamar si el personal del banco no está presente.
7. Los contratos incluyen la mayoría de las veces cláusulas abusivas.
8. La de compra tienen una cuota muy alta.

Example: ***Puedo comprar algo ahora y pagarlo más tarde.***
Advantage (4)

a ¡Parece que no gasto nada!
b Si pago la cuenta con la tarjeta, me hacen un descuento.
c ¡No sabía que había gastado tanto!
d Ahora mismo no tengo dinero pero con la tarjeta no hay problema.
e ¡No encuentro mi cartera con la tarjeta!
f No sé cuánto dinero vamos a necesitar esta noche pero voy a coger mi tarjeta.
g Si resulta que hay un error no es fácil solucionarlo.
h Es fácil comprar con la tarjeta pero luego tienes problemas si no puedes pagar.

11 Look at this card with useful telephone numbers and then read the following situations. Decide which number you might ring in each case.

a Quieres saber a qué hora sale tu vuelo para Inglaterra.
b Necesitas transporte rápido para llegar a tiempo a una cita.
c Eres testigo de un robo en el metro de Madrid.
d Eres testigo de un accidente de carretera y dos personas están heridas.
e Huele a humo en el hotel donde estás.
f Te interesa la arqueología y quieres saber hasta qué hora está abierto el museo.
g Necesitas información sobre el horario y los precios de los trenes.
h Quieres saber cuánto cuesta dejar tus maletas en la estación.

TELÉFONOS DE INTERÉS

Protección Civil 537 17 00
Policía 537 31 00
Policía Municipal 091
Guardia Civil 092
Bomberos 062 - 533 11 00
Seguridad Social 080
Cruz Roja 409 55 30
Ambulancias Municipales 522 22 22
  588 44 00
Información al ciudadano 010
Aeropuerto de Barajas
Iberia 205 83 43
Renfe 411 25 45
  429 05 18

ESTACIÓN DE ATOCHA
Atención al cliente 530 50 36

Comisaría de Policía
Consignas 527 46 27
  527 88 92

TAXIS
Radio-Taxis Asociación Gremial
  593 06 86
Radio-Teléfono Taxi 547 82 00
Tele-Taxi 499 90 08
Radio-Taxi Independiente
  405 12 13

MUSEOS
Fundación Colección Thyssen-Bornemisza
  420 39 44
  369 00 82
Museo Arqueológico Nacional
  431 68 40
Museo América 549 17 95
Museo del Prado 522 25 88

12 Copy the following sentences but correct the details according to what you hear.

1 Perdió una tarjeta de crédito de piel negra ayer por la mañana en la estación.
2 Perdió un paraguas blanco y rojo esta mañana en el tren.
3 Perdió una bolsa de piel hace una hora en el Corte Inglés.

13 A You are at the lost property office. Link the questions with the answers and practise the dialogue with a partner.

1 Buenos días, ¿qué desea?
2 ¿Cómo es?
3 ¿Qué contenía?
4 ¿Cuándo y dónde la perdió?

a Cinco mil pesetas y una tarjeta de crédito.
b He perdido mi cartera.
c Ayer por la tarde en el autobús.
d Es bastante pequeña, negra y de piel.

Oficina de objetos perdidos

B Practise further dialogues changing the lost objects.

14 A Read the following letters and write down in each case:

a the lost object
b the description
c where and when it was lost

Muy señor(a) mío/a:

Le escribo para declarar la pérdida de una maleta. La perdí el día 27 en la estación de Atocha, delante del despacho de billetes. La maleta es negra, bastante grande, y de cuero. Contenía ropa, un reloj, y un anillo de oro. También contenía unos documentos importantes.

Le ruego me lo comunique si la encuentra.

Muy señor/a mío/a:

Le escribo para declarar la pérdida de un juego de ordenador. Lo dejé en el tren el día 13. Era el AVE Madrid a Sevilla de las 7:23. Estaba en el coche número 4 para no fumadores. Estaba en el asiento número 22.

Le ruego me lo comunique si lo encuentra.

B Write a letter to declare a lost object (for example a camera, some travellers' cheques, etc.). Include when and where you lost it and describe it.

15 A Read this letter of complaint.

> **Muy señores míos:**
>
> **Les escribo para denunciar** el mal funcionamiento de la lavadora que compré hace una semana en su tienda del centro. **El problema es que** la lavadora se apaga sin terminar el programa de lavado. Volví a la tienda para reclamar, pero el dependiente me dijo que era una cuestión de llamar a un técnico y que la tienda no se responsabiliza.
>
> **Les ruego solucionen el problema** puesto que la lavadora tiene una garantía de un año. **Si no encuentran una solución me veré obligado a dirigirme a la asociación de consumidores.**
>
> **A la espera de sus noticias les saluda atentamente,**
>
> M. Solana García

Learn the key phrases underlined in the text.

B Write a letter of complaint using the underlined parts of the above letter but changing the details.

16 A Read this postcard from your Spanish pen pal who has just spent a few days in Madrid.

> ¡Hola!
>
> ¡Si supieras lo fatal que lo paso aquí en Madrid! Ayer hice un largo viaje en metro y en autobús para encontrar un museo y resulta que estaba cerrado. Luego me robaron la cartera en el metro y tuve que poner una denuncia en la comisaría. Estaba muy deprimida. Espero mandarte otra postal con mejores noticias mañana.
>
> Un abrazo,
>
> Concha.

B Write a letter to your pen pal describing a similarly disastrous visit to a big city.

Link the sentences with the correct verb and then use the ideas to write your letter.

1	pérdida de los billetes de metro	a	(volví...)
2	tener que comprar otros	b	(me perdí...)
3	robo de la cartera en el metro	c	(me equivoqué de...)
4	denuncia en la comisaría	d	(tuve que pedir...)
5	largo viaje para encontrar un museo	e	(estaba...)
6	cerrado	f	(hice...)
7	vuelta al centro en autobús	g	(perdí...)
8	número equivocado de autobús	h	(me robaron...)
9	perdido en las afueras	i	(tuve que comprar...)
10	pedir ayuda	j	(tuve que hacer...)

Make sure you use the correct tense for your account (preterite or imperfect).

Práctica

Use of perfect tense

Use of pronouns

1 Write down the correct form of the auxiliary verb *haber*

1 ¿Dónde _____ ido todos?
2 Mis padres _____ ido al restaurante.
3 Mi hermana _____ ido al cine.
4 Y tú, ¿por qué no _____ ido con ella?
5 Ya _____ visto la película.
6 Mis amigos y yo _____ alquilado un vídeo.

2 Write down the correct form of the perfect tense

1 ¿(Ver) algo que quieres comprar?
2 Sí, (ver) una chaqueta muy mona.
3 ¿Y la (comprar)?
4 No (poder) comprar nada.
5 ¿Y por qué no? ¿Te (olvidar) el dinero en casa?
6 No, (perder) la cartera.
7 Pero, ¿la (buscar) en todas partes?
8 Sí, quizá la (dejar) en el autobús.
9 O quizá la (robar).
10 Bueno, ya (ir) a la oficina de los objetos perdidos.

3 Write down the correct form of the perfect tense or the preterite tense

1 ¿(Ver) la última película de Fernando Trueba?
2 No, pero ayer (ver) una película muy buena en la tele.
3 ¿(Comprar) los zapatos ayer?
4 Sí, y hoy (comprar) la camiseta.
5 ¿(Terminar) el libro?
6 Ya lo (terminar) anoche.
7 ¿(Hacer) algo interesante hoy?
8 No pero ayer (hacer) una excursión muy divertida.
9 ¿No te gusta el pescado? ¿Lo (probar)?
10 Lo (probar) hace años.

4 Write down the correct pronoun of the direct object *(lo/la/los/las)*

1 ¿Has visto la película de Almodóvar? Sí, ___ vi hace unas semanas.
2 ¿Dónde está el paraguas? ___ he dejado en el autobús.
3 ¿Por qué no tienes las llaves? ___ perdí ayer.
4 ___ que más me gustan son los coches deportivos.
5 No encuentro mi cartera. No ___ veo en ninguna parte.

5 Write down the correct pronoun of the indirect object *(me/te/le/les)*

1 ¿Compraste un regalo para tus padres? Sí, ___ di un cuadro.
2 ¿El profesor sabe por qué no hiciste los deberes? Sí, ___ hablé ayer.
3 Mi novio ___ mandó una carta muy bonita.
4 Mis padres ___ dieron a mi hermano un regalo muy interesante.
5 ___ escribí a mis padres al menos tres veces.

Vocabulario

la gasolinera	the garage
el aceite	oil
el agua	water
el coche	car
el gasoil	diesel
la gasolina sin plomo	lead-free petrol
la gasolina súper	four-star petrol
el neumático	tyre
el parabrisas	windscreen
un pinchazo	flat tyre
arrancar	to start (an engine)
comprobar	to check
funcionar	to work
quedarse sin gasolina	to run out of petrol

Correos	the post office
una carta	letter
un paquete	parcel
una postal	postcard
un sello	stamp
un sobre	envelope
un telegrama	telegram
enviar	to send
llegar	to arrive
mandar	to send
pagar	to pay
recibir	to receive
rellenar	to fill in
tardar	to take

el banco	the bank
un billete	note
el cambio	rate of exchange
un cheque	cheque
un cheque de viaje	traveller's cheque
la comisión	commission
una ficha	form
la libra esterlina	pound sterling
la moneda	currency
la peseta	peseta
una tarjeta de crédito	credit card
la ventanilla	counter
cambiar	to change
comprar	to buy
firmar	to sign
hacer cola	to queue
valer	to be worth

la oficina de objetos perdidos	lost property office
buscar	to look for
contener	to contain
dejar	to leave
encontrar	to find
perder	to lose
robar	to steal

Una mirada al mundo 12

1 Read the comments made by four young people about the Spanish language.

Yves Rocher
Soy francés y llevo cuatro años estudiando español. Debo decir que me resulta bastante fácil puesto que se parece un poco al francés. En los institutos franceses es obligatorio estudiar dos idiomas extranjeros que suelen ser el inglés y el español. Reconozco que prefiero el español aunque no sé si me va a servir en la vida.

Sarah Jenkins
Soy estadounidense y dado el número de hispanohablantes en mi país considero importante aprender español. Después de diez años hablo con fluidez puesto que también he tenido muchas oportunidades para practicarlo. Ahora me gustaría hacer un viaje a España.

Antonio Vanoni
Soy italiano y estoy aprendiendo español desde hace cinco años. Desde hace unos años los italianos han empezado a hacer turismo en España y por eso hay muchas oportunidades para aprender español. Yo también visito España todos los años. El conocimiento del idioma me permite disfrutar más de mis vacaciones.

Karen Hesse
Soy alemana y trabajo en una compañía que acaba de establecer relaciones comerciales con empresas similares españolas. El año pasado me propusieron hacer un curso intensivo de español y esto me ha abierto muchas puertas en mi carrera profesional. Pienso seguir estudiándolo a nivel avanzado.

A Answer the questions:

1 Who decided to learn Spanish for cultural reasons?
2 Who started to learn Spanish for professional reasons?
3 Who is learning Spanish as part of their studies?
4 Who is interested in learning Spanish for pleasure?

B Prepare answers to the following questions:

1 ¿Cuánto tiempo llevas estudiando español?
2 ¿Por qué estás aprendiendo español?
3 ¿Cuánto tiempo piensas seguir estudiándolo?
4 ¿Por qué es importante conocer un idioma extranjero?

C Using your answers, write a similar paragraph to the ones above explaining your situation and your opinions about languages.

2 Listen to comments about Europe by a professor, a dentist, a housewife, an unemployed person and a student.

A Decide who is speaking (1–5).

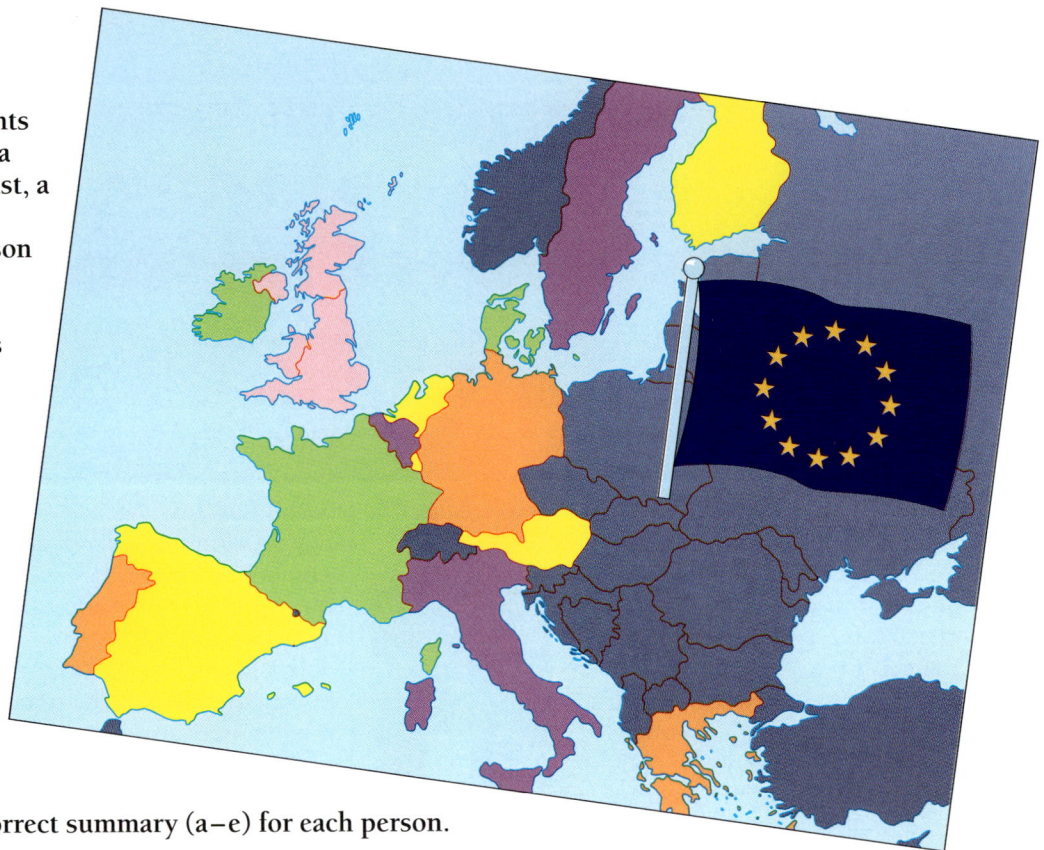

B Choose the correct summary (a–e) for each person.

a Es necesario aprender más idiomas para tener más oportunidades.
b Los mismos problemas existen en toda Europa así que no mejora la situación.
c Hay que preparar a los jóvenes para enfrentarse a la vida no sólo en España sino también en el contexto europeo.
d El cuidado sanitario tiene que ponerse de acuerdo en todos los países europeos.
e Hay más elección en cuanto a los productos disponibles en las tiendas debido a los artículos importados.

C Listen several times to the extract and write a more complete summary of what each person is saying.

3 **A** Listen to four radio advertisements (1–4) and decide which product (a–d) corresponds to each advertisement.

a Palmolive   **c** Kas
b Multilengua   **d** El Corte Inglés

B Listen once more and decide what exactly is offered in each advertisement.

a Un jabón   **d** Un perfume
b Un curso de idiomas   **e** Una bebida
c Un reloj   **f** Un detergente.

C Listen once more. Why should we buy the products advertised? Choose the correct answer (a or b) for each product.

1 a) Las burbujas te dan energía.
   b) Te refresca y te da energía.

2 a) No deja tus manos resecas.
   b) Quita la grasa de las manos.

3 a) Son de oro.
   b) Son divertidos pero baratos.

4 a) Puedes aprender cuatro idiomas a la vez.
   b) Te permite aprender el idioma del país que quieres visitar.

> In true/false questions, when you have a choice of answer, the wrong answer often contains words that you may have heard. Be careful to identify the meaning as well as the sounds.

4 A Look at this collection of Spanish magazines. What type of magazines can you identify?

a revista de actualidad
b revista de información televisiva
c revista automovilística
d revista de moda masculina
e revista de moda femenina
f revista femenina
g revista de divulgación científica
h revista musical
i revista culinaria
j revista deportiva

B Look at the following comments. What type of magazine (a–j) do they correspond to?

1 Me gustan estas revistas porque me informan sobre lo que pasa en el mundo de manera interesante.
2 Me interesan estas revistas porque despiertan mi curiosidad y me fascinan los descubrimientos.
3 Las revistas que más me interesan son las que hablan de la vida de la mujer de hoy en día.
4 Prefiero las revistas que se refieren a mis pasatiempos. A mí me encanta cocinar.

C ¿Y a ti? ¿Qué tipo de revista te gusta leer? ¿Por qué? Practica la conversación con un compañero/una compañera.

D Write a short letter to a pen pal asking for some Spanish magazines to help you with your Spanish studies. Explain what type of magazine you like.

5 Read the book review and answer the questions.

1 What is the theme of the books?
2 What are they about?
3 Why does the Anuario seem better than *Un año de rock*?

Con muchas notas

Porque resumen las noticias más importantes en el campo musical durante el pasado año, y anuncian futuros trabajos de músicos y grupos. Tanto el *Anuario* de El País- Aguilar, como el de *Un año de rock* son válidos, aunque el primero es más generoso en las páginas en color.

6 Read this article from a magazine. Answer the questions.

1 What does the title of the article mean?
2 What is the article about?
3 What is the "código de barras"?
4 How many advantages does this system have?
5 Mention two of the advantages.
6 How many numbers are in the code?
7 What is the purpose of the last two numbers?
8 What happens if the control number does not coincide with the number shown by the till?

¿Cómo se descifra el código de barras?

Remitida por Miguel Angel Mata R.

El código de barras es un método de codificación que permite la identificación casi instantánea de todo tipo de productos mediante un lector especial conectado a una caja registradora informatizada.

Las ventajas de este sistema son varias: por un lado permite a los fabricantes, distribuidores y detallistas mantener un control pormenorizado de los movimientos de sus mercancías y por otro evitar errores de cobro e inútiles esperas del cliente ante la caja, proporcionándole además un detallado listado de sus compras. El código de barras consta de catorce números sobre los cuales figura su correspondiente transcripción en forma de barras. Los dos primeros dígitos representan la asociación que asigna los códigos a las empresas fabricantes y distribuidoras.

Las cinco posiciones que siguen a la clave de país corresponden al código asignado a la empresa, mientras las cinco siguientes están reservadas para designar el producto concreto, numerado por el propio fabricante o distribuidor. Los últimos dígitos son una cifra de control, que resulta de aplicar un algoritmo matemático a los otros doce dígitos.

Si en el proceso de lectura del código de barras el número de control no coincide con el resultado de las operaciones indicadas por el algoritmo -que la caja registradora efectúa casi de forma instantánea-, esto significa que se ha producido un error y el sistema pide una nueva lectura.

0 37634 13670 6   0 1

El código de barras es un excelente instrumento de control comercial que ha acortado la espera en las molestas filas que se hacen al ir de compras a los grandes almacenes.

Only look up key words that you don't know.

7 **A** Read this report and answer the questions:

1 Where does the kind of criminal activity mentioned in the article take place?
2 When do most crimes take place?
3 Where were the three families when the crimes took place?
4 What did the robbers use to get into the flats?
5 Which of the stolen objects were most valuable?
6 Why did the neighbours not see anything?

B Last summer you rented an appartment near the beach with your family. Unfortunately there was a break-in. You have to report this to the police. Complete the dialogue:

Policía: ¿Cuándo tuvo lugar el robo?
Tú:
Policía: ¿Dónde estaban Vds en ese momento?
Tú:
Policía: ¿Por dónde entraron los ladrones en el piso?
Tú:
Policía ¿Qué robaron?
Tú:
Policía: ¿Hubo testigos?
Tú:

Según fuentes de la policía se ha notado un marcado aumento de las actividades criminales en las afueras de la ciudad durante los últimos dos meses. Aunque la temporada veraniega suele producir una ola de robos debido a la ausencia de muchas familias que disfrutan de sus vacaciones fuera de la gran ciudad, la policía anuncia que las llamadas recibidas por robo se han doblado comparado con la misma temporada del año pasado.

Ayer han sido víctimas tres familias del mismo edificio en el barrio de Las Delicias en Madrid. Por lo visto los ladrones habían notado la ausencia de las familias y entre las tres y las cuatro de la tarde entraron en los pisos por las puertas de entrada. Rompieron las cerraduras con material especializado. Los ladrones robaron joyas y electrodomésticos, así como televisores y vídeos. Se llevaron los artículos robados en una furgoneta que estaba aparcada detrás del edificio.

A la hora del robo los vecinos estaban comiendo y viendo la tele, así que nadie vio lo que pasó. La policía dice que en estos casos resulta casi imposible recuperar los artículos robados.

8 Read this review of recently published books and answer the questions.

■ Libros

Rompecabezas

Novelas y cuentos de intriga romántica o terrorífica. Lecturas muy amenas para tardes aburridas.

Un asunto delicado

CONVERSACION **criminal** EVAN HUNTER

Variadas y entretenidas obras para disfrutar leyendo.

El entretenimiento exprés, y bien escrito además. Para la siesta, si puedes permitírtela, o las mañanas del sábado. Las obras literarias, déjalas para la noche. Momentos antes de descansar la cabeza en la almohada, su contenido, ideas, y sentimientos llegarán mejor hasta ti.

Puedes empezar por *Conversación criminal* (Plaza & Janes) de Evan Hunter, seudónimo del escritor Salvatore Lombino, nombre más apropiado para un libro lleno de mafias. Una mujer conoce a un hombre y se enamora de él. Este hombre es en realidad un peligroso delincuente al que su marido conoce luego por motivos profesionales. Erotismo, asesinatos... 398 páginas de tensión.

Más o menos las que necesita Barbara Woods para contar la tierna trama de *Constantes vitales* (Grijalbo), sobre tres amigas de la infancia que ejercen la medicina de forma diferente.

En la misma línea romántica, *La princesa que no sabía reír* (Anaya) es un libro con ilustraciones maravillosas, apropiado también para leérselo a los niños de la casa. Cuenta la historia de un rey preocupado por la timidez de su heredera. Como es de imaginar, lleva príncipe incluido.

Tom Clancy hace encaje de bolillos con temas de actualidad, y en *Deuda de honor* (Planeta) no defrauda. Su héroe Jack Ryan (Harrison Ford en las películas) se enfrenta ahora con un complot para romper el equilibrio internacional.

Por último, en *Un asunto delicado* (Ed.B.), April Smith lleva la intriga a la oficina.

1 When is it recommended we read the five books?
2 What is the real name of the writer Evan Hunter?
3 What kind of book is "Conversación criminal"?
4 How many main characters are there in "Constantes vitales"?
5 For whom is "La princesa que no sabía reir" suitable?
6 What is the character of the princess like?
7 What is the name of the book of which a film was made?
8 Where does the story of April Smith take place?

B Write a letter to a Spanish friend in which you recommend a book that you have recently read. Use the following phrases to help you.

EL LIBRO
El libro se llamaba...
El autor se llamaba...
El tema principal era...
Era la historia de....
Contenía más de ...
páginas

MI OPINIÓN
En mi opinión...
A mi parecer...
El libro está bien escrito

El libro es muy entretenido
Es muy cómico...
El tema del libro me fascina
porque...
El autor nos hace pensar...
reír...
El personaje principal...
Deberían hacer una
película del libro
porque...
Ya existe una película del
libro. También es...

9 **A** Listen to the radio news and write down which of the following stories are mentioned:

1 Caza prohibida de animales

2 **Una visita real**

3 Un atentado terrorista

4 **NUEVAS NORMAS EN LOS COLEGIOS**

5 **Una decisión del gobierno**

6 **La ceremonia de los Óscares**

7 El consumo de alcohol

8 **PROBLEMAS DE TRÁFICO**

9 Los precios de la gasolina

10 **Desubrimiento de oro en Canadá**

B Listen again and put the headlines in the correct order:

a El rey Juan Carlos y la reina Sofía terminan hoy su viaje oficial a Italia
b Tragedia en Madrid; un coche bomba mata a un policía
c El gobierno decide abandonar la propuesta ley de impuestos sobre libros y discos
d Los jóvenes y el alcohol: ¿por qué beben más que nunca?
e La última película de Fernando Trueba premiada en los Óscares
f El conducir deja de ser un placer: subida de los precios de gasolina a partir de mañana

C Listen once more to the first part of the news and answer the questions:

1 In which part of Madrid did the explosion take part?
2 At what time?
3 What was the policeman doing at the time of the explosion?
4 How long after arriving at the hospital did he die?

> In the exam, you can only listen twice but at this stage, listen as many times as you need to.

10 Imagine that there has been a series of break-ins in the neighbourhood where you live. Your pen pal is interested in the events. Answer the questions in the letter.

...¡Qué disgusto me ha dado tu noticia! Me gustaría mucho saber más detalles sobre lo que ha pasado. ¿Cómo era tu vecindario antes de los robos? ¿Dónde y cuándo ocurrió el primer robo? ¿Qué robaron? ¿Cuál fue la reacción de los habitantes de la casa? ¿Qué hizo la policía? ¿Después de cuánto tiempo hubo otro robo?

¿Y ahora, cómo es el ambiente en el vecindario? ¿Cómo enfrentarán el problema los habitantes del barrio? Escríbeme pronto si puedes...

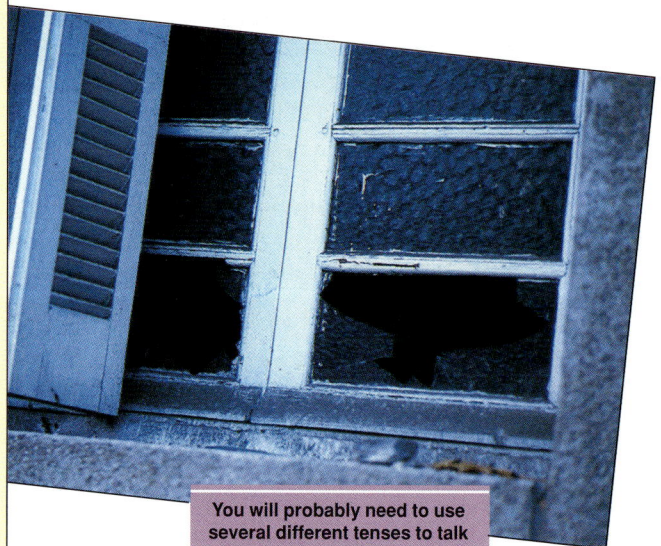

> You will probably need to use several different tenses to talk about what happened, what the situation is like now, and how the problem will be tackled in the immediate future. Make sure you are using the appropriate tenses.

Práctica

Use of the subjunctive

Use of the conditional

1 Write down the correct form of the present subjunctive *(tú)*

1 ¡No (tener) miedo!
2 ¡No (hacer) tanto ruido!
3 ¡No (ser) perezoso y haz tus deberes!
4 ¡No (ir) al museo porque es muy aburrido!
5 ¡No (estar) triste porque el problema no es tan grave!
6 ¡No me (decir) que has ganado un premio!

2 Write down the correct form of the subjunctive *(presente)*

1 Cuando (ser) mayor, quiero una casa muy grande.
2 Cuando (terminar) mis estudios, quiero encontrar un trabajo.
3 Quiero un trabajo que (ser) interesante.
4 Quiero un trabajo que me (hacer) feliz.
5 Quiero comprar una casa que (tener) una piscina.
6 Quiero una casa que (estar) cerca del mar.
7 Quiero un dormitorio que (tener) una cama enorme.
8 Quiero un amigo por correspondencia español que (ser) de Madrid.
9 Quiero un amigo por correspondencia que (tener) la misma edad que yo.
10 Quiero un amigo por correspondencia que (ser) simpático y divertido.

3 Write down the correct form of the present subjunctive or present indicative

1 Creo que estudiar (ser) muy importante.
2 No creo que (ser) importante tener éxito en todo.
3 ¿Tú crees que (ser) importante aprender idiomas?
4 Es probable que (ser) difícil encontrar trabajo.
5 Es posible que no (haber) trabajo para todos los jóvenes en el futuro.
6 No creo que este libro (ser) adecuado para niños.
7 Creo que las revistas (ser) más interesantes que los periódicos.
8 Dudo que esta revista (tener) artículos interesantes.
9 No dudo que uno (poder) aprender más de los libros.
10 ¿Crees que los libros (ser) más interesantes que los periódicos?

4 Complete the text using the correct form of the conditional

1 En mi opinión es muy importante aprender idiomas. (Deber) todos aprender al menos dos idiomas extranjeros. En los institutos (deber) haber la oportunidad de estudiar todos los idiomas de Europa. (Deber) organizar viajes a todos los países de Europa. Yo mismo estudio español pero (deber) estudiar también francés o alemán. Me (gustar) aprender italiano porque me (encantar) ir a Italia.

2 La biblioteca en nuestro instituto es demasiado pequeña. No hay muchos libros. (Deber) comprar más libros. (Ser) mejor. También (tener que) construir una sala de estudios. Yo creo que todos los alumnos (deber) leer más.

5 Express your opinion

¿Es importante aprender un idioma?
¿Es importante tener buenas instalaciones en un instituto?

Vocabulario

frases para expresar un punto de vista	expressing an opinion
Considero que ...	I consider that ...
No considero que ... (+ subjuntivo)	I don't consider that ...
Creo que ...	I believe that ...
No creo que ... (+ subjuntivo)	I don't believe that ...
Debo decir que ...	I have to say that ...
En mi opinión ...	In my opinion..
Pienso que ...	I think that ...
No pienso que ... (+ subjuntivo)	I don't think that ...
Estoy de acuerdo con ...	I agree with ...
Es importante ... (+ inf)	It is important to ...
No es justo ... (+ inf)	It is not right to ...
Es una buena idea.	It is a good idea.

expresar una intención	expressing an intention
Voy a ... (+ inf)	I am going to ...
Pienso ... (+ inf)	
Tengo la intención de ... (+ inf)	I intend to ...

expresar un deseo	expressing a wish
Quiero ... (+ inf)	I want to ... (+ inf)
Quiero que ... (+ subjuntivo)	I wish that ...
Me gustaría ... (+ inf)	I would like to ... (+ inf)
Me encantaría ... (+ inf)	I would love to ... (+ inf)
Preferiría ... (+ inf)	I would prefer ... (+ inf)

expresar un interés	expressing an interest
Me gusta ...	I like ...
Me interesa ...	I'm interested in ...
Me fascina ...	I'm fascinated by ...
Me aburre ...	I'm bored by ...
Prefiero ...	I prefer ...

dar un consejo	giving advice
Deberíamos (+ inf)	We should (+ inf)
Deberían (+ inf)	They should (+ inf)
Sería mejor (+ inf)	It would be better to (+ inf)
Tendríamos que (+ inf)	We should (+ inf)
Tendrían que (+ inf)	They should (+ inf)

Pruebas de control

1 Look at the two forms.

Nombre: Robert
Apellido: Andrews
Edad: 15
Nacionalidad: Inglés
Domicilio: Manchester
Gustos: animales, sobre todo perros;
              películas de miedo
Pasatiempos: jugar al fútbol; salir con
              amigos

Nombre: Penny
Apellido: Wright
Edad: 16
Nacionalidad: Escocesa
Domicilio: Londres
Gustos: todo tipo de música; novelas
               románticas
Pasatiempos: escuchar la radio; tocar la
               trompeta en una orquesta

Now listen to four young Spanish people speaking on tape.
Who is the ideal pen pal for Robert and who is ideal for Penny?

2 Listen to four advertisements on the radio.

a Put the topics in order
b Which of these topics is not mentioned?

cinema   sport   reading   theatre   television

3 Your Spanish friend invites you to see a film.
You want to know which film, when and where.
Complete the dialogue.

A: ¿Quieres ir al cine esta tarde?

B:

A: Pues, ponen la última película de Kevin Costner en versión doblada.

B:

A: La película empieza a las cinco y cuarto.

B:

A: Enfrente del cine.

B:

4 You are staying with your Spanish friend. You want to know when supper is and if there is anything you can do to help.

A:

B: Normalmente cenamos a las nueve.

A:

B: No hace falta, ya tenemos todo en casa.

A:

B: Bueno, muchas gracias.

A:

B: Están en el armario pequeño en la cocina.

5 Answer the following questions.

1 ¿Tienes una familia grande?
2 Describe tu mejor amigo/a.
3 ¿Cuáles son tus pasatiempos?
4 Describe lo que haces los sábados.
5 ¿Vives en una casa o en un piso?
6 Describe tu casa.
7 ¿Tienes que ayudar en casa?
8 Describe un día típico con tu familia.

6 Read this letter and answer
the questions

Querido/a amigo/a:

Siento haber tardado tanto en escribirte esta carta. Recibí tus detalles hace tres semanas pero mi madre está enferma en este momento, así que no tengo mucho tiempo para mí. De hecho, tengo que ayudar muchísimo en casa porque mi padre va a la oficina todos los días y mi hermana menor sólo tiene cinco años, así que no puede ayudar mucho. Pero no es justo. Tengo muchos deberes y no tengo tiempo para salir con mis amigos o jugar al baloncesto (soy miembro de un equipo). Ya ves cómo es mi familia. ¿Tú tienes que ayudar en casa? ¿Repartes las tareas con tus hermanos o te toca siempre a ti? Explícame un poco cómo es la vida en familia. ¿Cómo son tus padres?

¿Tenéis animales domésticos? Nosotros no, puesto que vivimos en un piso bastante pequeño. A mí me gusta vivir aquí porque viven todos mis amigos en este barrio. A mi madre no le gusta vivir aquí en el centro y además se lleva bastante mal con la familia que vive en el piso de arriba. Hacen mucho ruido. Mi madre prefiere vivir en las afueras y le gustaría tener una casa con jardín. Pero el piso está situado muy cerca de la oficina de mi padre y por eso es muy práctico. ¿Vives cerca del centro? Describeme tu casa. Me gustaría visitarte un día.

Ya te voy a dejar...casi es la hora de preparar la cena. Y todavía tengo que llamar al club deportivo para decir que no puedo jugar al baloncesto hoy porque tengo que cuidar de mi hermana. ¡Qué rollo! ¿Tú tienes mucho tiempo para tus pasatiempos? ¿Qué te gusta hacer? Escríbeme pronto.

Juan

P.D. ¡Siento quejarme tanto en esta carta!

1 Why has Juan taken a while to write to you?
2 What does Juan have to do now that his mother is ill?
3 Juan says that he complains a lot. What is he not able to do?
4 Why does Juan not have animals?
5 Why does Juan's mother not want to live in the flat?
6 What would you say Juan is like?

7 Write a letter to Juan answering his questions and comparing your family life with his.

1 Listen to three young people talking about their schools:

   1 Instituto San Antonio
   2 Instituto Rubén Darío
   3 Instituto Carlos V

Choose the correct description for each school in each category.

   a Size: large / small
   b Equipment: good / bad
   c Teachers: kind / strict
   d Extracurricular activities: a lot of variety / little variety

2 Listen to the description of Sevilla and put the topics in the correct order. Which of the topics is not mentioned?

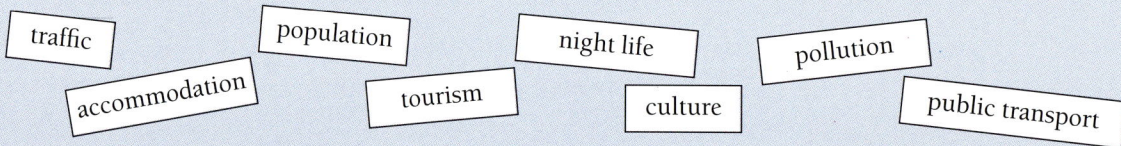

traffic   population   night life   pollution

accommodation   tourism   culture   public transport

3 You are in the suburbs of Madrid and you need to buy some books. Complete the dialogue:

A: *LIBRERIA* ¿Aquí?

B: No. Tiene que ir a la Gran Vía en el centro de la ciudad.

A: ?

B: Tome la primera a la derecha y baje la calle hasta el final. Luego suba la avenida.

A: ?

B: Sí, pero está bastante lejos. Puede coger un autobús.

A: ?

B: Sí, hay una enfrente de la farmacia.

4 You are visiting Madrid but you don't have a map. You want to go to the Prado Museum. You ask where it is and how to get there by the underground.

A: ? *MUSEO*

B: Tiene que coger el metro.

A: ?

B: Es la línea dos, dirección Goya.

A: ?

B: No, es directo.

A: ?

B: Tiene que bajarse en la estación Banco de España.

5 Answer the questions.

1 ¿Dónde vives?
2 ¿Qué hay en tu barrio?
3 ¿Te gusta tu barrio?
4 Describe tu instituto.
5 ¿Cuáles son tus asignaturas favoritas?
6 ¿Cómo son los profesores?
7 ¿Cuál es la profesión de tus padres?
8 ¿En qué te gustaría trabajar al terminar tus estudios?

6 Read the letter and answer the questions.

Querido/a amigo/a:

Gracias por tu carta que recibí el martes pasado. Y gracias por invitarme a pasar unas semanas en tu casa. Me encanta la idea y ya estoy preguntando por los precios de los billetes de avión. Tu familia me parece encantadora.

Estoy deseando conocer Inglaterra. Como ya sabes, yo vivo en un barrio céntrico de Madrid. Me gusta mucho pero hay demasiado tráfico. La gente debería usar el transporte público. También sabes que me encanta el deporte pero aquí cerca no hay muchas posibilidades para hacer deporte. Deberían construir un polideportivo. Claro que, comparado con otras ciudades, hay más distracciones tales como cines y discotecas. ¿Cómo es tu barrio comparado con otros barrios en Londres u otras ciudades? ¿Te gusta vivir allí? ¿Hay mucho que hacer?

Las fechas de mi visita dependen un poco de las notas de mis exámenes. Si apruebo todas mis asignaturas puedo pasar dos semanas en Inglaterra en el mes de agosto. Pero si suspendo una asignatura tendré que estudiar y sólo podré pasar una semana contigo. Me preocupa la física porque no se me da muy bien y además el profesor es muy exigente. ¿Cómo son los profesores en Inglaterra? ¿Tú también tienes exámenes?

Durante el mes de julio voy a trabajar en un hotel en la costa cerca de Málaga. Durante el día tengo que ayudar en la cocina y por la noche voy a trabajar de camarero. Me pagan bien, así que no voy a tener problemas para comprar el billete para Inglaterra. Por cierto, ¿vas a trabajar durante el verano? ¿Hay posibilidades de trabajo para los estudiantes? Si trabajas tienes que decirme qué fechas te convienen para mi visita. Escríbeme pronto,

Juan

P.D. ¿Cuándo vas a visitarme aquí en España?

1 Why is there too much traffic in Juan's area?
2 What are the advantages of where he lives?
3 What do the dates of Juan's visit depend on?
4 Why is Juan worried about Physics?
5 What job is Juan going to do during the summer?
6 Why does he need the money?

7 Write a letter to Juan answering his questions.

Prueba 3

1 Listen to two advertisements for campsites in Spain.
Which descriptions (a–c) correspond to Camping Sevilla and Camping Tres Molinos?

 a    b   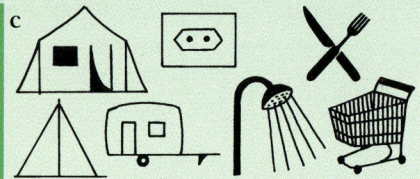 c

2 Listen to two interviews on ideal holidays and decide which of the notices below is suitable for the people speaking.

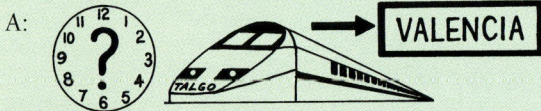

a

Vacaciones de deporte acuático
- 2 semanas en la Costa del Sol
- alojamiento en hoteles de 2 estrellas
- pensión completa
- discoteca y bar

Vacaciones sol y mar
* 2 semanas en la Costa Blanca
* alojamiento en hoteles de 4 estrellas
* bar – restaurante
* excursiones organizadas

b

Vacaciones al lado del mar
- 2 semanas en Girona
- alojamiento en hoteles de 2 estrellas
- bares – restaurantes – discotecas
- actividades deportivas y culturales

c

3 You are in Atocha Station in Madrid and you want to travel to Valencia. Complete the dialogue.

A:

B: Hay un tren a las diez y cuarto y también a las cinco y cinco de la tarde.

A:

B: Aquí tiene su billete.

A:

B: A las diez y media de la noche.

A:

B: Número cinco.

4 You are in a restaurant and you want to know if there are any vegetarian dishes. Complete the dialogue.

A:

B: Sí, hay espinacas a la crema o tortilla de patatas con ensalada mixta.

A:

B: ¿Y para beber?

A:

B: Muy bien.

A:

B: Ahora se lo traigo.

A:

B: En seguida.

5 Answer the questions.

1 ¿Qué tipo de vacaciones te gustan?
2 ¿Prefieres quedarte en un hotel o hacer camping?
3 ¿Cómo te gusta viajar?
4 ¿Fuiste de vacaciones el año pasado? ¿Qué hiciste?
5 ¿Tienes planes para ir de vacaciones después de los exámenes?
6 ¿Cuál es tu plato favorito?
7 ¿Qué te gustaría probar en un restaurante español?
8 ¿Qué ropa te gusta llevar cuando estás de vacaciones?

6 Read the letter and answer the questions.

Querido/a amigo/a:

¡Qué alegría! Ya tengo el billete para visitarte en agosto. Voy a ir a Inglaterra el día trece hasta el día veintisiete así que lo vamos a pasar muy bien durante dos semanas. ¡Espero que mejoraré mi inglés!

Ahora unos detalles prácticos. El avión de la línea Iberia sale a las diez de la mañana y llega a Londres a las once y cuarto hora inglesa (hay una diferencia de una hora ¿no?). ¿Vas a recogerme? Te mando una foto mía. Pero como hay tanta gente en los aeropuertos voy a llevar una camiseta roja para que puedas reconocerme. También tengo una mochila verde para viajar. Por cierto, ¿puedes aconsejarme sobre qué ropa llevarme a Inglaterra? El año pasado fui de vacaciones a Holanda y sólo tenía camisas y camisetas. ¡Qué frío pasé! ¿Qué tal el clima en verano donde vives tú?

En cuanto a la comida, no te preocupes. Yo como de todo menos el pescado. Claro, no voy a poder probar ese famoso plato inglés: las patatas fritas y el pescado. ¿Hay otros platos típicos?

¿Sabes ya qué vamos a hacer? ¿Puedes mandarme información sobre posibles actividades y excursiones? Tengo ganas de ver muchísimas cosas y de conocer a tus amigos. En cuanto a tu visita a España en octubre me parece estupendo. Te presentaré a todos mis amigos y haremos excursiones todos los días aquí en Madrid y los alrededores. No me habías dicho que ya habías visitado España hace unos años. ¿Adónde fuiste y qué hiciste? ¿Te gustó?

Bueno, te llamaré por teléfono unos días antes de irme. ¡Hasta pronto!

Juan

1 What three things does Juan want to do in England?
2 How long is the plane journey to England?
3 Why is a photo of Juan not enough to recognise him?
4 What problem did Juan have in Holland?
5 How does Juan seem in the letter: a serious; b enthusiastic; c worried
6 How do you know that Juan is a sociable person?

7 Write a letter to Juan answering his questions and describe your plans for your visit in October.

1 Luis is organising a party but a lot of those invited cannot come.
Listen to the messages on the answer machine and write down who cannot come and why.

Alejandra	a Ha perdido su cartera.
Lilia	b Se ha roto el brazo.
Arturo	c Su coche no funciona.
Antonio	d Ha perdido sus llaves.
Francisco	e Tiene gripe.
Concha	f Se ha torcido el tobillo.
Rita	g Su hermana está en el hospital.
Mario	h Han robado en su casa.
Darío	i Está resfriada.
Ramón	j Tiene que recoger a su madre en el aeropuerto.

2 Listen to a radio presenter announcing the contents of the programme.
Put the topics in order. Which of the topics is not mentioned.

interview   cooking   musical act   current affairs   debate   health

3 You are on holiday in Spain with a friend. Your friend is ill and you go with him/her to the doctor. Complete the dialogue.

A: Buenos días. ¿En qué puedo ayudar?

B:

A: ¿Qué le pasa exactamente?

B:

A: ¿Qué comió anoche?

B:

A: Es una indigestión. No es grave.

B:

A: Sí. Tiene que descansar y tomar estas pastillas.

4 You are in the Post Office in Spain. Complete the dialgue.

A:

B: Aquí tiene.

A:

B: Sí, está aquí a la derecha.

A:

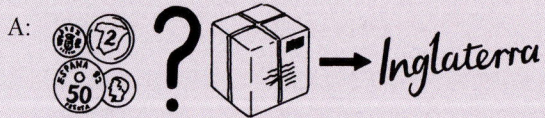

B: Son quinientas cincuenta pesetas.

A:

B: Normalmente cinco días.

5 Before travelling to Cáceres by car you stop at the petrol station. Complete the dialogue.

A: [30:00 LITROS ★★★★]

B: Muy bien. ¿Algo más?

A: [ACEITE ?]

B: Necesita un litro.

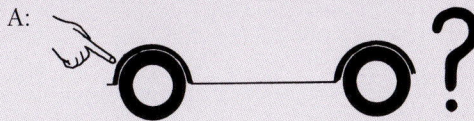

A: [tyre illustration ?]

B: Están bien.

A: [? KAS Cola]

B: Sí, en el quiosco.

6 Read the letter and answer the questions.

Querido/a amigo/a:

¿Qué tal estás? Muchísimas gracias por estas dos semanas estupendas que pasé contigo en Inglaterra. Me encantó tu país. Me gustaron mucho tu familia y tus amigos. En mi opinión lo mejor era los días que pasamos visitando los pueblos rurales del sureste de Inglaterra. Lo peor era el viaje por Londres en metro. ¡Cuánta gente! Era peor que en Madrid. Pero no tuvimos mucha suerte. Primero te robaron la cartera y después perdí mi mochila. Tampoco me gustó cuando la tienda de discos no aceptó mi tarjeta de crédito y tuvimos que ir al banco para retirar dinero con un cheque de viajes. Pero en fin, el resto de mi estancia fue maravillosa. Y tú ¿qué tal te lo pasaste? ¿Qué fue lo mejor y lo peor para ti?

De vuelta en España leo en los periódicos que hay muchos problemas aquí. Leo que en la lucha contra los altos niveles de contaminación, el gobierno propone una baja en los precios de los medios de transporte público para que la gente use menos su coche. Estoy de acuerdo con esta medida. Yo creo que es una solución.

Mientras tanto el líder de la oposición denuncia la actitud de algunos ministros durante el debate parlamentario sobre las elecciones. Una encuesta reciente afirma que los españoles de hoy tienen una imagen más positiva de los países latinoamericanos y que el entusiasmo europeísta ha disminuido. Lo más deprimente es que otras dos mil personas han perdido su trabajo según las últimas cifras publicadas por el gobierno. ¡Qué pena!

Pero creo que tu país tiene los mismos problemas, ¿verdad?
Escríbeme y dime lo que opinas.

Un abrazo, *Juan*

1 Was this letter written before or after Juan's visit to England?
2 According to the letter does Juan prefer cities or the countryside?
3 Mention two problems that Juan experienced in England.
4 Which of the following topics are mentioned in Juan's letter?
  a unemployment
  b Spanish cinema
  c International relations
  d The environment
  e The economy
  f Politics

7 Write a letter to Juan answering his questions on:

a his visit
b the problems that exist in Spain and England

Grammar summary

These notes are a guide to the main areas of grammar that you will need for Standard Grade Spanish.

Articles

In Spanish you use either a definite article (*the*) or an indefinite article (*a, some*) with a noun:

masculine singular	el	*the*	un	*a*
masculine plural	los	*the*	unos	*some*
feminine singular	la	*the*	una	*a*
feminine plural	las	*the*	unas	*some*

You must always use an article before a noun except in the following examples.

- When you don't specify the amount:
En mi pueblo hay bares y tiendas.	*In my village there are bars and shops.*
Tengo deberes.	*I have homework.*
- When you say you have not got something:
No tengo dinero.	*I don't have any money.*
No tengo hermanos.	*I don't have brothers and sisters.*
- When you say what someone's job is:
Mi madre es médica.	*My mother is a doctor.*
Quiero ser profesor.	*I want to be a teacher.*

Nouns

Nouns in Spanish are either masculine or feminine, singular or plural:

masculine singular	*masculine plural*	*feminine singular*	*feminine plural*
el perro	los perros	la casa	las casas
the dog	*the dogs*	*the house*	*the houses*
un perro	unos perros	una casa	unas casas
a dog	*(some) dogs*	*a house*	*(some) houses*

To make nouns ending in a vowel plural, you add an **-s**:
> gato   gatos

To make nouns ending in a consonant plural, you add **-es**:
> bar   bares

Always learn a noun together with its article so that you remember whether it is masculine or feminine. This will be important when using adjectives.

Adjectives

Adjectives describe nouns and must agree with the noun they are describing. They usually follow the noun in the sentence.

All adjectives ending in **-o** will become **-a** in the feminine and add an **-s** in the plural:

masculine	un coche caro	*an expensive car*
	unos coches caros	*expensive cars*
feminine	una tienda cara	*an expensive shop*
	unas tiendas caras	*expensive shops*

All adjectives ending in **-e** will stay the same in the feminine but add an **-s** in the plural:

masculine	un coche grande	*a big car*
	unos coches grandes	*big cars*
feminine	una tienda grande	*a big shop*
	unas tiendas grandes	*big shops*

If you want to use more than one adjective to describe a noun, you can link them by using **y**:

> Tiene los ojos grandes y bonitos.   *She has lovely big eyes.*

Possessive adjectives

Possessive adjectives indicate who the noun belongs to:

masculine/feminine (singular)	*masculine/feminine (plural)*	
mi	mis	*my*
tu	tus	*your*
su	sus	*his/her/your (formal)*
nuestro/a	nuestros/as	*our*
vuestro/a	vuestros/as	*your*
su	sus	*their/your (formal plural)*

masculine		*feminine*	
mi coche	*my car*	mi casa	*my house*
mis coches	*my cars*	mis casas	*my houses*

Demonstrative adjectives

Demonstrative adjectives ('this' or 'that') indicate which noun you are talking about:

masculine		feminine	
este coche	this car	esta casa	this house
estos coches	these cars	estas casas	these houses
aquel coche	that car	aquella casa	that house
aquellos coches	those cars	aquellas casas	those houses

Comparatives and superlatives

You use these when you want to make comparisons. You can add **más... que** or **menos... que** to an adjective:

| Soy más grande que mi hermano. | I'm taller than my brother. |
| Soy menos inteligente que mi hermana. | I'm less intelligent than my sister. |

To form the superlative, you say **el más...** or **la más...**

Mi pueblo es el más bonito de la región.	My village is the prettiest in the region.
Mi pueblo es el menos interesante de la región.	My village is the least interesting in the region.
La última película de Spielberg es mejor que la primera. Es la mejor película de todas.	The last Spielberg film is better than the first. It is the best film of them all.
Este libro es peor que aquél.	This book is worse than that one.
Es el peor libro de todos.	It is the worst book of all of them.

When you want to say what the best thing is about something, you say **lo mejor es...**

| Lo mejor es el parque. | The best thing is the park. |
| Lo peor es la fábrica. | The worst thing is the factory. |

Adverbs

These describe the verb or the adjective but do not agree so they do not change.

Adverbs are usually formed using the feminine form of an adjective and adding **-mente**:

| lento | lenta | lentamente | slowly |
| rápido | rápida | rápidamente | quickly |

The adverbs you will use most are irregular:

siempre	always	Siempre hago mis deberes.	I always do my homework.
nunca	never	Nunca voy al teatro.	I never go to the theatre.
muy	very	Estoy muy cansado.	I am very tired.
bastante	quite	La camisa es bastante cara.	The shirt is quite expensive.
demasiado	too	La camisa es demasiado cara.	The shirt is too expensive.

Note: Bastante and demasiado can act either as an adjective or an adverb:

Hay demasiados bares. (acts as adjective – agreement)	There are too many bars.
Los bares son demasiado caros. (acts as adverb – no agreement)	The bars are too expensive.
Hay demasiada gente. (acts as adjective – agreement)	There are too many people.
La gente es demasiado impaciente. (acts as adverb – no agreement)	People are too impatient.
Hay bastantes libros. (acts as adjective – agreement)	There are quite a lot of / enough books.
Los libros son bastante interesantes. (acts as adverb – no agreement)	The books are quite interesting.

Prepositions

A preposition is a word which is often used to say where someone or something is.

You must be especially careful when linking it to the masculine definite article.

1 **a** to

| Voy al cine | (a + el) | I am going to the cinema. |
| Voy a la piscina | (a + la) | I am going to the swimming-pool. |

2 **de** of / from

El coche del hermano de Pedro.	(de + el)	Pedro's brother's car.
El dormitorio de la hermana de Pilar.	(de + la)	Pilar's sister's bedroom.
Soy de España.		I'm from Spain.
Soy de Londres.		I'm from London.

3 **en** in / on / by

El gato está en el salón.	The cat is in the living-room.
El libro está en la mesa.	The book is on the table.
Voy a ir en coche / en avión / en tren.	I'm going to go by car / by plane / by train.

4 Prepositions followed by **de**:

al lado de	next to
enfrente de	opposite
delante de	in front of
detrás de	behind
cerca de	near to
lejos de	far from
encima de	on top of
debajo de	underneath

The prepositions **por** and **para**:

These both mean *for* or *in order to*, although their meaning can vary according to the context. For GCSE you need to know that:

- **para** expresses:

– *who something is for*	
Compré un regalo para mi madre.	*I bought a present for my mother.*
– *what something is for*	
Tengo un libro para aprender español.	*I have a book to learn Spanish.*

- **por** expresses:

– *an exchange*	
Gano mil pesetas por hora.	*I earn 1,000 pesetas an hour.*
Compré el disco por cien pesetas.	*I bought the record for 100 pesetas.*
– *length of time*	
Haré los deberes por la mañana.	*I will do the homework in the morning.*
Voy a España por dos semanas.	*I am going to Spain for two weeks.*

Note the following useful expressions using **por**:

por supuesto	*of course*
por eso	*for this reason*
por lo visto	*apparently*
¿por qué?	*why?*
porque	*because*

Pronouns

Subject pronouns

yo	*I*
tú	*you*
él	*he*
ella	*she*
Usted	*you (formal)*
nosotros/nostras	*we*
vosotros/vosotras	*you (plural)*
ellos/ellas	*they*
Ustedes	*you (formal plural)*

You only use these for emphasis:

Yo siempre hago mis deberes pero tú no.	*I always do my homework but you don't.*

When you refer to a group of people with one or more males, you must use the masculine form.

Object pronouns

Object pronouns replace the noun to avoid repeating it unnecessarily.

Direct object pronouns
Direct object pronouns replace a noun which is the direct object of the verb:

¿Has comido el helado?	*Have you eaten the ice cream?*
Sí, lo he comido.	*Yes, I have eaten it.*
¿Dónde has perdido la cartera?	*Where did you lose your wallet?*
La he perdido en el centro.	*I lost it in the centre.*

Indirect object pronouns
Indirect object pronouns replace a noun which is the indirect object of the verb:

¿Has escrito una carta a tu amigo?	*Have you written a letter to your friend?*
Sí, le he escrito una carta.	*Yes, I have written a letter to him.*
¿Qué dijiste al jefe?	*What did you say to the boss?*
Le dije que sentía llegar tarde.	*I said to him that I was sorry for being late.*

Direct object pronouns		Indirect object pronouns	
masculine	*feminine*	*masculine*	*feminine*
me	me	me	me
te	te	te	te
lo	la	le	le
nos	nos	nos	nos
os	os	os	os
los	las	les	les

Te vi en el cine.	*I saw you in the cinema.*
Lo veo.	*I see him / it.*
La veo.	*I see her.*
Te di un regalo.	*I gave you a present.*
Le di un regalo.	*I gave him a present.*
Le di un regalo.	*I gave her a present.*

Note that there are two important verbs that need an indirect object pronoun:

Gustar	*to like*	Me gusta el cine.	*I like the cinema.*
		Te gusta...	*You like...*
		Le gusta...	*He/She likes...*
		Nos gusta...	*We like...*
		Os gusta...	*You like...*
		Les gusta...	*They like...*
Doler	*to hurt*	Me duele la garanta.	*My throat hurts.*

Possessive pronouns

Possessive pronouns show who the noun belongs to whilst replacing it to avoid repeating it. They must agree with the noun they replace:

Estos libros son míos.   These books are mine.
Esta cartera es mía.   This wallet is mine.

masculine singular	feminine singular	masculine plural	feminine plural
mío	mía	míos	mías
tuyo	tuya	tuyos	tuyas
suyo	suya	suyos	suyas
nuestro	nuestra	nuestros	nuestras
vuestro	vuestra	vuestros	vuestras
suyo	suya	suyos	suyas

Demonstrative pronouns

Demonstrative pronouns indicate which noun you are talking about whilst replacing it to avoid repeating it. They must agree with the noun they are replacing:

¿Qué libro prefieres? Prefiero éste.   Which book do you prefer? I prefer this one.
¿Cuál es tu maleta? Ésta.   Which is your suitcase? This one.

¿Cuál es tu maleta, ésta o aquélla?   Which is your suitcase, this one or that one?
Estos sombreros no me gustan. Prefiero aquéllos.   I don't like these hats. I prefer those (ones).

masculine	feminine	masculine	feminine
éste	ésta	aquél	aquélla
éstos	éstas	aquéllos	aquéllas

Relative pronouns

Que   who / which / that

Mi hermana, que se llama Trini, tiene catorce años.   My sister, who is called Trini, is fourteen.
¿Hay un autobús que va al centro?   Is there a bus which goes to the stadium?
El autobús que va al centro viene a las dos.   The bus that goes to the centre comes at two.

Asking questions

When asking a simple question in Spanish, all you need to do is to add a question mark at the beginning and the end of the sentence.

Tienes un coche.   You have a car.
¿Tienes un coche?   Do you have a car?

When speaking, use intonation to make the sentence sound like a question.

When you need more specific information than just *yes* or *no*, use the following question words at the start of your sentence:

¿Quién?	Who (singular)?
¿Quiénes?	Who (plural)?
¿Cuál?	Which (singular)?
¿Cuáles?	Which (plural)?
¿Qué?	What?
¿Cómo?	How?
¿Cuándo?	When?
¿Por qué?	Why?
¿Dónde?	Where?
¿Adónde?	Where to?
¿Cuánto?	How much? How many?

(Note agreement: ¿Cuántos hermanos tienes? ¿Cuántas hermanas tienes?)

Expressions of time

You should learn the following expressions of time:

lunes, martes, miércoles...	Monday, Tuesday, Wednesday...
el lunes, el martes, el miércoles...	on Monday, on Tuesday, on Wednesday...
el lunes pasado	last Monday
la semana pasada	last week
el mes pasado	last month
el año pasado	last year
el verano pasado	last summer
ayer	yesterday
anteayer	the day before yesterday
mañana	tomorrow
pasado mañana	the day after tomorrow
la semana que viene	next week
el año que viene	next year
el verano que viene	next summer
en Navidades	last Christmas / this Christmas
por la mañana / tarde / noche	in the morning / in the afternoon / at night
durante las vacaciones	during the holidays
después de los exámenes	after the exams
hace unos días	a few days ago
el otro día	the other day
desde hace (+ time)	since / for
Aprendo el español desde hace cinco años.	I have been learning Spanish for five years.
Vivo en Londres desde hace diez años.	I have been living in London for ten years.

Verbs

A verb indicates the action in a sentence and the tense tells you when the action took place.

Juego al tenis.	(Present tense)	I play tennis.
Jugué al tenis.	(Preterite tense)	I played tennis.
Jugaba al tenis.	(Imperfect tense)	I used to play tennis.
Jugaré al tenis.	(Future tense)	I will play tennis.

The infinitive

The infinitive is the basic form of the verb and if you look for a verb in a dictionary, it will be given as an infinitive:

hacer	*to do /make*
trabajar	*to work*
vivir	*to live*

An infinitive is often used after another verb in a sentence. For example:

Suelo hacer mis deberes a las cuatro.	*I usually do my homework at four o'clock.*
Tengo que hacer deberes todos los días.	*I have to do homework every day.*
Puedo ver la tele todos los días.	*I can watch television every day.*
Quiero ir al cine esta tarde.	*I want to go to the cinema this afternoon.*
Me gusta ir al teatro de vez en cuando.	*I like going to the theatre from time to time.*

The present tense

The present tense describes an action or situation that is taking place at the moment or that usually takes place:

Hago los deberes.	*I am doing my homework.*
Hago los deberes a las cuatro.	*I do my homework at four o'clock.*

Regular verbs

There are three main groups which use the following patterns:

	hablar (to talk)	comer (to eat)	escribir (to write)
(yo)	hablo	como	escribo
(tú)	hablas	comes	escribes
(él/ella/Usted)	habla	come	escribe
(nosotros)	hablamos	comemos	escribimos
(vosotros)	habláis	coméis	escribís
(ellos/ellas/Ustedes)	hablan	comen	escriben

Look for other useful verbs that follow this regular pattern in the verb table (page 126).

There is a group of verbs which have the regular endings but change their stem in the first, second and third person singular and the third person plural of the present tense. The ones you should learn are:

jugar (to play)	poder (to be able to)	preferir (to prefer)
juego	puedo	prefiero
juegas	puedes	prefieres
juega	puede	prefiere
jugamos	podemos	preferimos
jugáis	podéis	preferís
juegan	pueden	prefieren

Look in the verb table (pages 128–129) for other useful verbs that change their stem.

Irregular verbs

These five irregular verbs are verbs that you need frequently and you need to learn them:

ser (to be)	estar (to be)	hacer (to do/make)	ir (to go)	tener (to have)
soy	estoy	hago	voy	tengo
eres	estás	haces	vas	tienes
es	está	hace	va	tiene
somos	estamos	hacemos	vamos	tenemos
sois	estáis	hacéis	vais	tenéis
son	están	hacen	van	tienen

Look for other useful irregular verbs in the verb table (pages 127–128).

Ser and Estar

Both these verbs mean *to be* but are used in different contexts.

Ser is used to express a permanent or definite state:

Soy español.	*I am Spanish.*
Soy estudiante.	*I am a student.*
Soy inteligente.	*I am intelligent.*
Mi pueblo es bonito.	*My village is pretty.*
El libro es muy bueno.	*The book is very good.*

Estar is used to express a temporary state or when you want to indicate where something is (place):

Estoy triste.	*I am sad.*
Estoy contento.	*I am happy.*
Estoy en el salón.	*I am in the living-room.*
Mi pueblo está lejos de Madrid.	*My village is far from Madrid.*
La tienda está en el centro del pueblo.	*The shop is in the centre of the village.*

Some cases seem to contradict the above rule. They should just be learnt:

Mi hermana está casada.	*My sister is married.*
Mi abuelo está muerto.	*My grandfather is dead.*

The future tense

The future tense describes an action or situation that will take place. You can use either of the following forms:

Mañana haré los deberes temprano.	*Tomorrow I will do my homework early.*
Mañana voy a hacer los deberes temprano.	*Tomorrow I am going to do my homework early.*

Forming the future tense using the verb ir + a + infinitive

Voy a ir al cine esta tarde.	*This afternoon I am going to the cinema.*
Vamos a cenar a las nueve.	*We are going to have supper at nine o'clock.*

Forming the future tense

To form the future tense, you take the infinitive of a verb and add the correct ending:

hablar (to talk)	comer (to eat)	escribir (to write)
hablaré	comeré	escribiré
hablarás	comerás	escribirás
hablará	comerá	escribirá
hablaremos	comeremos	escribiremos
hablaréis	comeréis	escribiréis
hablarán	comerán	escribirán

The following common verbs have irregular stems in the future tense but still use the same endings:

hacer	to do/make	haré
poder	to be able to	podré
querer	to want to/love	querré
salir	to go out	saldré
tener	to have	tendré
venir	to come	vendré

Look for these in the verb table (pages 127–129).

The preterite tense

The preterite tense describes an action that began and ended in the past. This is the past tense that you will probably use most at GCSE:

Ayer fui al cine.	Yesterday I went to the cinema.
Volvieron la semana pasada.	They came back last week.

Forming the preterite

To form the preterite tense in regular verbs, use the infinitive stem and add the following endings:

hablar (to talk)	comer (to eat)	escribir (to write)
hablé	comí	escribí
hablaste	comiste	escribiste
habló	comió	escribió
hablamos	comimos	escribimos
hablasteis	comisteis	escribisteis
hablaron	comieron	escribieron

The following common verbs are irregular in the preterite and should be learnt:

ser (to be)	estar (to be)	hacer (to do/make)	ir (to go)	tener (to have)
fui	estuve	hice	fui	tuve
fuiste	estuviste	hiciste	fuiste	tuviste
fue	estuvo	hizo	fue	tuvo
fuimos	estuvimos	hicimos	fuimos	tuvimos
fuisteis	estuvisteis	hicisteis	fuisteis	tuvisteis
fueron	estuvieron	hicieron	fueron	tuvieron

Look in the verb table for other useful irregular verbs in the preterite.

- The preterite forms of **Ser** and **Ir** are the same. You are not likely to mix them up very often as you rarely need the preterite of **Ser**.
- Verbs whose stem ends in -c or -g need a spelling change in the first person singular of the preterite in order to keep the hard-sounding -c and -g:

tocar	(to play an instrument)	toqué
jugar	(to play a game)	jugué
llegar	(to arrive)	llegué

The perfect tense

The perfect tense describes an action that began and ended in the same span of time as it is being told. This is quite complicated and the best guide at GCSE is to use it:

– when the action took place on the same day as you are talking about it:

Hoy he ido de compras.	Today I went shopping.
Esta tarde he leído el periódico.	This afternoon I read the paper.

– in a question which does not contain any reference to time:

¿Has terminado el libro?	Have you finished the book?
¿Has visto la última película de Spielberg?	Have you seen the latest Spielberg film?

You will not often use this in writing tasks at GCSE. It is most frequently used in situations where something has just happened. It is therefore more useful when speaking:

He tenido un accidente.	I have had an accident.
Me he roto la pierna.	I have broken my leg.
He perdido la cartera.	I have lost my wallet.
Me han robado la tarjeta de crédito.	My credit card has been stolen.

Forming the perfect tense

The perfect tense has two parts. You need the verb **haber** (to have) to act as an auxiliary verb and the past participle of the verb you want to use:

he hecho	I have done
has ido	you have gone
ha tenido	he/she has had
hemos perdido	we have lost
habéis terminado	you have finished
han visto	they have seen

The imperfect tense

The imperfect tense describes what used to happen or what something was like:

Cuando tenía cinco años era muy travieso.	When I was five I was very naughty.

Jugaba con mis amigos en el parque.	*I used to play with my friends in the park.*
Hace diez años mi pueblo era muy bonito.	*Ten years ago my village was very pretty.*
El hotel era muy lujoso y tenía vistas al mar.	*The hotel was very luxurious and had a sea view.*

Forming the imperfect tense

To form the imperfect tense use the infinitive stem and add the following endings:

hablar (*to talk*)	comer (*to eat*)	escribir (*to write*)
hablaba	comía	escribía
hablabas	comías	escribías
hablaba	comía	escribía
hablábamos	comíamos	escribíamos
hablabais	comíais	escribíais
hablaban	comían	escribían

The following common verbs are irregular and should be learnt:

ser (*to be*)	ir (*to go*)	ver (*to see*)
era	iba	veía
eras	ibas	veías
era	iba	veía
éramos	íbamos	veíamos
erais	ibais	veíais
eran	iban	veían

Note that the imperfect tense is often used together with the preterite tense when writing about something in the past. For GCSE you need to remember that the preterite is used for all the actions and the imperfect tense is used for all the descriptions.

Ayer fui al cine. (*action*)	*Yesterday I went to the cinema.*
La película era muy buena. (*description*)	*The film was very good.*
Llovía cuando salí.	*It was raining when I went out.*

The pluperfect tense

The pluperfect tense describes an action that was completed before another action in the past. It conveys the idea that something had already happened (before something else):

Había terminado los deberes cuando mi madre llegó.	*I had finished my homework when my mother arrived.*
El avión todavía no había llegado cuando empezó a nevar.	*The plane had not yet arrived when it started snowing.*

Forming the pluperfect tense

Forming the pluperfect tense is similar to forming the perfect tense except that you need to put the verb **haber** into the imperfect and then add the past participle:

había llegado	*I had arrived*
habías terminado	*you had finished*
había ido	*he/she had gone*
habíamos visto	*we had seen*
habíais comido	*you had eaten*
habían vuelto	*they had returned*

Reflexive verbs

Some verbs are reflexive and use a reflexive pronoun. You will recognise the pattern of the regular -**ar** verbs. The following are the tenses you are most likely to need at GCSE:

levantarse (*to get up*)

present	*future*	
me levanto	me levantaré	voy a levantarme
te levantas	te levantarás	vas a levantarte
se levanta	se levantará	va a levantarse
nos levantamos	nos levantaremos	vamos a levantarnos
os levantáis	os levantaréis	vais a levantaros
se levantan	se levantarán	van a levantarse

preterite	*perfect*	*imperfect*
me levanté	me he levantado	me levantaba
te levantaste	te has levantado	te levantabas
se levantó	se ha levantado	se levantaba
nos levantamos	nos hemos levantado	nos levantábamos
os levantasteis	os habéis levantado	os levantabais
se levantaron	se han levantado	se levantaban

Look for other useful reflexive verbs in the verb table (pages 126–127).

The conditional tense

The conditional tense is used to express the idea that you would, could or should do something:

Sería agradable ir a la playa.	*It would be pleasant to go to the beach.*
Sería mejor ir en autobús.	*It would be better to go by bus.*
Podríamos comer en un restaurante.	*We could eat in a restaurant.*
Podría hacer los deberes para mañana.	*I could do the homework for tomorrow.*
Debería hacer los deberes ahora.	*I should do the homework now.*
Deberían construir una piscina.	*They should build a swimming-pool.*

Forming the conditional tense

You form the conditional tense by adding specific endings to the stem of the future tense as below:

hablar (to talk)	comer (to eat)	escribir (to write)
hablaría	comería	escribiría
hablarías	comerías	escribirías
hablaría	comería	escribiría
hablaríamos	comeríamos	escribiríamos
hablaríais	comeríais	escribiríais
hablarían	comerían	escribirían

You are most likely to use the following:

Ser (to be)	Sería mejor quedar a las tres.	It would be better to meet at three o'clock.
Poder (to be able to)	Podríamos ir al cine.	We could go to the cinema.
Deber (to have to)	Deberían suprimir el uniforme	They should abolish uniform.

The conditional tense is sometimes used with the past subjunctive (see below).

The subjunctive

The subjunctive is used:

– when talking about the future using **cuando**:

| Cuando sea mayor, compraré una casa. | When I am older, I will buy a house. |
| Cuando esté mi abuela, iremos al cine. | When my grandmother is here, we will go to the cinema. |

– when wishing something using the verb **querer**:

| Quiero una casa que sea grande. | I want a big house. |
| Quiero que vayamos al cine. | I want us to go to the cinema. |

– when there is some doubt in what you say:

Es posible que venga más tarde.	It is possible that he will come later.
Es probable que no sea verdad.	It is probable that it is not true.
Dudo que sea verdad.	I doubt that it is true.

– when you express a negative belief (opinion) or ask someone what they believe:

| No creo que lleguemos a tiempo. | I don't think we will arrive on time. |
| ¿Crees que esté el profesor? | Do you think the teacher is there? |

– when giving a negative command:

¡No seas tonto!	Don't be stupid!
¡No estés triste!	Don't be sad!
¡No hagas los deberes ahora!	Don't do the homework now!
¡No vayas a este sitio!	Don't go to that place!
¡No tengas miedo!	Don't be afraid!

See also the section on the imperative below.

Forming the present subjunctive

To form the present subjunctive you drop the ending of the first person singular of the ordinary present tense (**yo**) and add the following endings:

hablar (to talk)	comer (to eat)	escribir (to write)
hable	coma	escriba
hables	comas	escribas
hable	coma	escriba
hablemos	comamos	escribamos
habléis	comáis	escribáis
hablen	coman	escriban

Note the following common irregular verbs:

estar (to be)	dar (to give)	ser (to be)	ir (to go)
esté	dé	sea	vaya
estés	des	seas	vayas
esté	dé	sea	vaya
estemos	demos	seamos	vayamos
estéis	deis	seáis	vayáis
estén	den	sean	vayan

The past subjunctive

You will rarely need this at GCSE but here are some useful expressions you could learn:

Querer (to want)	Quisiera ir a España.	I would like to go to Spain.
Ser (to be)	Si fuera rico iría de viaje.	If I were rich I would travel.
Tener (to have)	Si tuviera dinero compraría un coche.	If I had money I would buy a car.

The imperative

You use the imperative form when giving an order. The informal form (**tú**) is a special form whereas the formal form (**Ud**) is just the present subjunctive.

You will not need to use them often but the most useful verbs are:

	informal	formal
ser (to be)	¡sé!	¡sea!
tener (to have)	¡ten!	¡tenga!
hacer (to do/make)	¡haz!	¡haga!
escuchar (to listen)	¡escucha!	¡escuche!

¡Sé bueno!	Be good!
¡Ten cuidado!	Be careful!
¡Haz los deberes!	Do your homework!
¡Escucha al profesor!	Listen to the teacher!

Regular verbs

Only the first person singular of each verb is given as these verbs follow the pattern indicated in the relevant sections of the grammar summary. Small irregularities are shown with an asterisk.

INFINITIVE	PRESENT	FUTURE	PRETERITE	IMPERFECT	PAST PARTICIPLE	ENGLISH
arreglar	arreglo	arreglaré	arreglé	arreglaba	arreglado	to repair / arrange
bajar	bajo	bajaré	bajé	bajaba	bajado	to go down
comprar	compro	compraré	compré	compraba	comprado	to buy
contestar	contesto	contestaré	contesté	contestaba	contestado	to answer
dejar	dejo	dejaré	dejé	dejaba	dejado	to leave (something)
descansar	descanso	descansaré	descansé	descansaba	descansado	to rest
escuchar	escucho	escucharé	escuché	escuchaba	escuchado	to listen
estudiar	estudio	estudiaré	estudié	estudiaba	estudiado	to study
gastar	gasto	gastaré	gasté	gastaba	gastado	to spend (money)
hablar	hablo	hablaré	hablé	hablaba	hablado	to talk
llamar	llamo	llamaré	llamé	llamaba	llamado	to call
llegar	llego	llegaré	llegué*	llegaba	llegado	to arrive
llevar	llevo	llevaré	llevé	llevaba	llevado	to carry / wear
limpiar	limpio	limpiaré	limpié	limpiaba	limpiado	to clean
mandar	mando	mandaré	mandé	mandaba	mandado	to send
pasar	paso	pasaré	pasé	pasaba	pasado	to spend (time)
preguntar	pregunto	preguntaré	pregunté	preguntaba	preguntado	to ask
preparar	preparo	prepararé	preparé	preparaba	preparado	to prepare
quedar	quedo	quedaré	quedé	quedaba	quedado	to stay / remain
tirar	tiro	tiraré	tiré	tiraba	tirado	to pull
tocar	toco	tocaré	toqué*	tocaba	tocado	to play / touch
trabajar	trabajo	trabajaré	trabajé	trabajaba	trabajado	to work
aprender	aprendo	aprenderé	aprendí	aprendía	aprendido	to learn
beber	bebo	beberé	bebí	bebía	bebido	to drink
coger	cojo*	cogeré	cogí	cogía	cogido	to catch
comer	como	comeré	comí	comía	comido	to eat
conocer	conozco*	conoceré	conocí	conocía	conocido	to know (person/place)
creer	creo	creeré	creí	creía	creído	to believe
deber	debo	deberé	debí	debía	debido	to have to
leer	leo	leeré	leí	leía	leído	to read
vender	vendo	venderé	vendí	vendía	vendido	to sell
ver	veo	veré	vi	veía*	visto*	to see
abrir	abro	abriré	abrí	abría	abierto*	to open
decidir	decido	decidiré	decidí	decidía	decidido	to decide
escribir	escribo	escribiré	escribí	escribía	escrito*	to write
subir	subo	subiré	subí	subía	subido	to go up
vivir	vivo	viviré	viví	vivía	vivido	to live

Reflexive verbs

acostarse	me acuesto	me acostaré	me acosté	me acostaba	acostado	to go to bed
afeitarse	me afeito	me afeitaré	me afeité	me afeitaba	afeitado	to shave
bañarse	me baño	me bañaré	me bañé	me bañaba	bañado	to bath / bathe
despertarse	me despierto*	me despertaré	me desperté	me despertaba	despertado	to wake up
ducharse	me ducho	me ducharé	me duché	me duchaba	duchado	to shower
lavarse	me lavo	me lavaré	me lavé	me lavaba	lavado	to wash
levantarse	me levanto	me levantaré	me levanté	me levantaba	levantado	to get up
peinarse	me peino	me peinaré	me peiné	me peinaba	peinado	to comb one's hair
quedarse	me quedo	me quedaré	me quedé	me quedaba	quedado	to stay
reírse	me río	me reiré	me reí	me reía	reído	to laugh

sentarse	me siento*	me sentaré	me senté	me sentaba	sentado	*to sit down*
sentirse	me siento*	me sentiré	me sentí	me sentía	sentido	*to feel*

Irregular verbs

These verbs are written out in full so that you can see exactly where the irregularities occur.

INFINITIVE	PRESENT	FUTURE	PRETERITE	IMPERFECT	PAST PARTICIPLE	ENGLISH
dar	doy	daré	di	daba	dado	*to give*
	das	darás	diste	dabas		
	da	dará	dio	daba		
	damos	daremos	dimos	dábamos		
	dais	dareis	disteis	dabais		
	dan	darán	dieron	daban		
decir	digo	diré	dije	decía	dicho	*to say*
	dices	dirás	dijste	decías		
	dice	dirá	dijo	decía		
	decimos	diremos	dijimos	decíamos		
	decís	diréis	dijisteis	decíais		
	dicen	dirán	dijeron	decían		
estar	estoy	estaré	estuve	estaba	estado	*to be*
	estás	estarás	estuviste	estabas		
	está	estará	estuvo	estaba		
	estamos	estaremos	estuvimos	est ábamos		
	estáis	estaréis	estuvisteis	estabais		
	están	estarán	estuvieron	estaban		
hacer	hago	haré	hice	hacía	hecho	*to do / make*
	haces	harás	hiciste	hacías		
	hace	hará	hizo	hacía		
	hacemos	haremos	hicimos	hacíamos		
	hacéis	haréis	hicisteis	hacíais		
	hacen	harán	hicieron	hacían		
ir	voy	iré	fui	iba	ido	*to go*
	vas	irás	fuiste	ibas		
	va	irá	fue	iba		
	vamos	iremos	fuimos	íbamos		
	vais	ireis	fuisteis	ibais		
	van	irán	fueron	iban		
oír	oigo	oiré	oí	oía	oído	*to hear*
	oyes	oirás	oíste	oías		
	oye	oirá	oyó	oía		
	oímos	oiremos	oímos	oíamos		
	oís	oiréis	oísteis	oíais		
	oyen	oir án	oyeron	oían		
poner	pongo	pondré	puse	ponía	puesto	*to put*
	pones	pondrás	pusiste	ponías		
	pone	pondrá	puso	ponía		
	ponemos	pondremos	pusimos	poníamos		
	ponéis	pondréis	pusisteis	poníais		
	ponen	pondrán	pusieron	ponían		
querer	quiero	querré	quise	quería	querido	*to want / love*
	quieres	querrás	quisiste	querías		
	quiere	querrá	quiso	quería		
	queremos	querremos	quisimos	queríamos		
	queréis	querréis	quisisteis	queríais		
	quieren	querrán	quisieron	querían		

saber	sé	sabré	supe	sabía	sabido	*to know (fact)*
	sabes	sabrás	supiste	sabías		
	sabe	sabrá	supo	sabía		
	sabemos	sabremos	supimos	sabíamos		
	sabéis	sabréis	supisteis	sabíais		
	saben	sabrán	supieron	sabían		
salir	salgo	saldré	salí	salía	salido	*to go out / leave*
	sales	saldrás	saliste	salías		
	sale	saldrá	salió	salía		
	salimos	saldremos	salimos	salíamos		
	salís	saldréis	salisteis	salíais		
	salen	saldrán	salieron	salían		
ser	soy	seré	fui	era	sido	*to be*
	eres	serás	fuiste	eras		
	es	será	fue	era		
	somos	seremos	fuimos	éramos		
	sois	seréis	fuisteis	erais		
	son	serán	fueron	eran		
tener	tengo	tendré	tuve	tenía	tenido	*to have*
	tienes	tendrás	tuviste	tenías		
	tiene	tendrá	tuvo	tenía		
	tenemos	tendremos	tuvimos	teníamos		
	tenéis	tendréis	tuvisteis	teníais		
	tienen	tendrán	tuvieron	tenían		
traer	traigo	traeré	traje	traía	traído	*to bring*
	traes	traerás	trajiste	traías		
	trae	traerá	trajo	traía		
	traemos	traeremos	trajimos	traíamos		
	traéis	traeréis	trajisteis	traíais		
	traen	traerán	trajeron	traían		
venir	vengo	vendré	vine	venía	venido	*to come*
	vienes	vendrás	viniste	venías		
	viene	vendrá	vino	venía		
	venimos	vendremos	vinimos	veníamos		
	venís	vendréis	vinisteis	veníais		
	vienen	vendrán	vinieron	venían		

Stem-changing/Radical-changing verbs

dormir	duermo	dormiré	dormí	dormía	dormido	*to sleep*
	duermes	dormirás	dormiste	dormías		
	duerme	dormirá	durmió	dormía		
	dormimos	dormiremos	dormimos	dormíamos		
	dormís	dormiréis	dormisteis	dormíais		
	duermen	dormirán	durmieron	dormían		
empezar	empiezo	empezaré	empecé	empezaba	empezado	*to begin*
	empiezas	empezarás	empezaste	empezabas		
	empieza	empezará	empezó	empezaba		
	empezamos	empezaremos	empezamos	empezábamos		
	empezáis	empezaréis	empezasteis	empezabais		
	empiezan	empezarán	empezaron	empezaban		
entender	entiendo	entenderé	entendí	entendía	entendido	*to understand*
	entiendes	entenderás	entendiste	entendías		
	entiende	entenderá	entendió	entendía		
	entendemos	entenderemos	entendimos	entendíamos		
	entendéis	entenderéis	entendisteis	entendíais		
	entienden	entenderán	entendieron	entendían		

jugar	juego	jugaré	jugué	jugaba	jugado	*to play*
	juegas	jugarás	jugaste	jugabas		
	juega	jugará	jugó	jugaba		
	jugamos	jugaremos	jugamos	jugábamos		
	jugáis	jugaréis	jugasteis	jugabais		
	juegan	jugarán	jugaron	jugaban		
pensar	pienso	pensaré	pensé	pensaba	pensado	*to think*
	piensas	pensarás	pensaste	pensabas		
	piensa	pensará	pensó	pensaba		
	pensamos	pensaremos	pensamos	pensábamos		
	pensáis	pensaréis	pensasteis	pensabais		
	piensan	pensarán	pensaron	pensaban		
perder	pierdo	perderé	perdí	perdía	perdido	*to lose*
	pierdes	perderás	perdiste	perdías		
	pierde	perderá	perdió	perdía		
	perdemos	perderemos	perdimos	perdíamos		
	perdéis	perderéis	perdisteis	perdíais		
	pierden	perderán	perdieron	perdían		
poder	puedo	podré	pude	podía	podido	*to be able to*
	puedes	podrás	pudiste	podías		
	puede	podrá	pudo	podía		
	podemos	podremos	pudimos	podíamos		
	podéis	podréis	pudisteis	podíais		
	pueden	podrán	pudieron	podían		
preferir	prefiero	preferiré	preferí	prefería	preferido	*to prefer*
	prefieres	preferirás	preferiste	preferías		
	prefiere	preferirá	prefirió	prefería		
	preferimos	preferiremos	preferimos	preferíamos		
	preferís	preferiréis	preferisteis	preferíais		
	prefieren	preferirán	prefirieron	preferían		
probar	pruebo	probaré	probé	probaba	probado	*to try*
	pruebas	probarás	probaste	probabas		
	prueba	probará	probó	probaba		
	probamos	probaremos	probamos	probábamos		
	probáis	probaréis	probasteis	probabais		
	prueban	probarán	probaron	probaban		
volver	vuelvo	volveré	volví	volvía	vuelto	*to return*
	vuelves	volverás	volviste	volvías		
	vuelve	volverá	volvió	volvía		
	volvemos	volveremos	volvimos	volvíamos		
	volvéis	volveréis	volvisteis	volvíais		
	vuelven	volverán	volvieron	volvían		

Cassette transcript

1 ¡Mucho gusto!

Página 13 Actividad 1 B

– Me llamo Pedro Izquierdo Martínez. Tengo quince años. Vivo en la calle Almirante número 30 de Madrid. Mi número de teléfono es 707 88 43.

Página 13 Actividad 2 A

– ¡Hola! Me llamo Narci, soy una chica española y tengo quince años. Tengo una familia bastante grande. Hay siete personas en total, es decir, mi madre y mi padre, mis tres hermanos, mi hermana y yo. Y, por cierto, también tenemos un gato que se llama César.

Página 13 Actividad 2B

– Mi madre es muy guapa. Tiene el pelo moreno y rizado y los ojos marrones. Mi padre tiene el pelo gris y los ojos azules, como mi hermana. Ella también es muy guapa con el pelo rubio muy largo y los ojos de mi padre. Yo, por otra parte, me parezco más a mi madre.

Página 14 Actividad 4

– ¡Hola! Me llamo Pilar. Tengo dieciocho años y también busco un chico simpático. Soy morena pero tengo los ojos verdes. Dicen que soy inteligente y simpática.

– ¡Hola! Me llamo Carmen. Soy una chica sociable de diecinueve años. Soy estudiante. Además de ser rubia, tengo los ojos azules. Yo también busco novio para salir con él y pasarlo bien.

– ¡Hola! Me llamo Ana. Tengo dieciséis años. Soy una chica rubia y tengo los ojos verdes. Soy bastante tímida pero creo también que soy bastante cariñosa.

Página 15 Actividad 6

– Soy estudiante y tengo diecinueve años. En el futuro me gustaría mucho ganar un montón de dinero para poder comprar todo lo que quiera. Claro, hace falta un trabajo que me interese y que tenga un buen sueldo.

– Tengo diecinueve años y soy estudiante. Siempre he soñado con casarme y tener hijos. Pero antes hace falta encontrar un buen trabajo.

– Soy estudiante y tengo dieciocho años. Yo desde pequeño sueño con grabar discos y ser famoso. Me gustaría aprender a tocar más instrumentos.

– Tengo dieciocho años y soy estudiante. A veces pienso que me gustaría viajar durante muchos años. También me gustaría comprar una casa. Quizá sería mejor empezar encontrando un buen trabajo.

– Tengo dieciocho años y soy estudiante. Soy bastante ambicioso y me gustaría tener un trabajo importante, viajar y tener una familia. Claro, me gustaría tener la energía para todo esto. Como decimos en España: 'Salud, amor y dinero'.

Página 17 Actividad 13

– Y ahora, pasamos a la carta de unos jóvenes oyentes. Nos escriben Manuel y Ramón y dicen:

– Somos dos hermanos de 13 y 15 años y le escribimos para ver si usted puede ayudarnos. La cuestión es que nuestros padres son muy buenos con nosotros, pero demasiado estrictos, tanto que nunca nos dejan ver la televisión, ni siquiera los fines de semana. Si alguna vez nos descubren viéndola a escondidas, nos castigan. En el colegio, cuando algún profesor nos pide que demos nuestra opinión sobre un programa, tenemos que hacerlo a través de lo que nos cuentan los compañeros de clase. Nosotros no creemos que ver la televisión sea tan malo. Usted ¿qué opina? Muchas gracias.

2 El tiempo libre

Página 21 Actividad 1 A

María Luisa: ¡Hola! Soy María Luisa. Soy una chica sociable y me encanta salir con mis amigos. A menudo vamos al cine porque nos encantan las películas.

Nacho: Me llamo Nacho. Dicen que soy un chico bastante serio ya que me gusta leer y a menudo voy a la biblioteca. También me interesa mucho la historia y me encanta ir a museos.

Javier: ¡Hola! Soy Javier. Soy un chico deportista y paso mucho tiempo haciendo deporte. Como tengo tanta energía, por las noches salgo con mis amigos a las discotecas donde me encanta pasar un buen rato bailando.

Pilar: ¡Hola! Me llamo Pilar. A mí me gusta más quedarme en casa cuando tengo tiempo libre. Me gusta la música y toco la flauta. También tengo una gran colección de sellos.

Página 21 Actividad 2

María Luisa: A mí me gustan los deportes aunque no soy muy deportista. Prefiero verlos en la tele. Me encanta ver tenis porque en España tenemos buenos tenistas. Yo no juego al tenis, pero a veces hago natación, quizá una vez a la semana.

Nacho: A mí me gusta un buen partido de fútbol o de baloncesto. Soy miembro de un equipo de baloncesto y jugamos dos o tres veces a la semana.

Javier: Como ya he dicho, soy muy deportista. Me encantan todos los deportes. Juego al fútbol y al tenis cuatro veces a la semana. También hago natación dos veces a la semana. En invierno me gusta mucho hacer esquí.

Pilar: Yo no soy muy deportista. No me gusta ver los deportes en la tele y no practico ningún deporte. Bueno, hago un poco de gimnasia todos los días, pero en casa, claro.

Página 21 Actividad 3

a Para mí, la peor película es «El detective y la muerte». La verdad es que es muy mala.

b La película «Rojo» no es nada especial pero tampoco es mala. Es una película regular.
c En mi opinión la mejor película ha sido «Mentiras arriesgadas».
d «Forrest Gump» ha sido una película muy popular y según mis compañeros muy buena. Pero a mí no me entusiasma mucho.
e De las diez películas sólo tres me parecen de verdad muy buenas.
f A mí me han encantado todas las películas.
g Me pregunto si la película «Cuatro bodas y un funeral» es de verdad tan buena como dicen. No estoy de acuerdo con los demás.
h De todas las películas sólo hay una que no me gustó, pero tampoco era mala.

Página 26 Actividad 13

– El jueves día 16 fui con mis amigos al concierto de REM en Madrid. Cogimos el autobús desde las afueras de la ciudad pero había mucho tráfico. Llegamos bastante tarde y ya había mucha gente. Tuvimos que hacer cola para poder entrar en el estadio.

Tuvimos un problema en taquilla porque no encontré mi entrada. Afortunadamente me dejaron entrar. El público estaba muy animado, bailando y cantando las canciones.

El grupo también estaba muy animado. Llevaban unas camisetas muy bonitas. Tocaron muy bien los instrumentos e hicieron una actuación fenomenal. Me encantó el concierto. La música estaba un poco alta pero me gustó mucho el ambiente.

3 En casa

Página 29 Actividad 1 A

1 ¡Hola! Soy Sole. Vivo en el tercer piso de un edificio moderno en el centro de la ciudad.
2 ¡Hola! Soy Miguel. Vivo en un chalet adosado en una urbanizacón a las afueras de la ciudad.
3 ¡Hola! Soy Sergio. Vivo en una casa individual y moderna en el campo cerca de Madrid.
4 ¡Hola! Soy Ana. Vivo en un piso pequeño en la octava planta en un barrio de Madrid.
5 ¡Hola! Soy Paloma. Vivo en una casa antigua en una finca a unos treinta kilómetros de Madrid.

Página 29 Actividad 2

Sole: Pues mira, yo vivo en un piso bastante grande. Tenemos tres dormitorios, cada uno con su cuarto de baño. Mi dormitorio está al lado del dormitorio de mis padres. Además de un salón enorme hay un comedor al lado de la cocina. Como vivimos en el centro no hay jardín pero tenemos una terraza grande. Lo bueno es que también hay aparcamiento en el garaje del edificio.

Página 30 Actividad 4 A

José María: Aunque vivimos en una casa bastante pequeña, está bien amueblada. En el salón hay un sofá y dos sillones con la mesita en el medio. En el comedor hay una mesa redonda con cuatro sillas. El televisor está en el comedor así podemos ver la tele mientras comemos. En la cocina no hay mesa pero hay una nevera muy grande.

En total hay tres dormitorios pero uno sirve de estudio. Aquí tenemos un escritorio grande y un sillón para leer. También hay estanterías para los libros. En el primer dormitorio hay una cama doble con dos mesillas de noche. También hay un armario. En el

segundo dormitorio hay dos camas individuales, un armario y una mesa cuadrada con dos sillas.

Página 31 Actividad 6 B

– Oye, hijo, que tengo tanto que hacer antes de que vengan los abuelos que agradecería un poquito de ayuda. Quizá tu amigo y tú podéis echarme una mano, ¿no? Bueno, antes de todo hace falta fregar los platos y luego hacer las camas. Mira si hay ropa sucia que lavar, seguro que sí, y ponla en la lavadora. También si podéis salir al mercado que tengo una lista preparada. Y luego si os queda un momentito, pues, la moqueta está muy sucia...

Página 33 Actividad 10 A

– Mira, yo normalmente me levanto sobre las siete pero a veces pueden ser las siete y cuarto. Eso depende. Suelo ducharme antes de tomar el desayuno, es decir como alrededor de las ocho. Cojo el metro para ir al colegio y normalmente tengo que irme a las ocho y media.

Vuelvo a casa a las cinco y media pero depende de las clases que tenga. A veces vuelvo más tarde, o sea a las seis. Ya sabes que en España se come bastante tarde, así que cenamos a las diez o a las diez y media. Luego nos quedamos a charlar un rato. No suelo acostarme antes de las doce.

Página 34 Actividad 14

Jesús: Mira, Arantxa, tú sabes muy bien que yo preferiría vivir en una casa porque me gusta la idea de tener más de una planta y además me gustaría mucho tener un jardín para cultivar flores.
Arantxa: Sí, pero lo que pasa es que no has pensado en el trabajo que cuesta mantener una casa mientras que un piso no necesita mucho mantenimiento. Para limpiarlo resulta mucho más fácil.
Jesús: Sí, pero yo pienso también en la cuestión de los vecinos. Si vamos a vivir en un piso pues ya sabes que tendremos que contar con los vecinos, o sea, va a haber mucho ruido. Yo prefiero de verdad tener un poco de tranquilidad.
Arantxa: Pero este piso que hemos visto esta mañana me parece muy tranquilo. Sólo tendríamos un vecino al lado y como está en la última planta no tendríamos vecinos arriba. Además cuenta con una terraza muy grande así que puedes cultivar flores.
Jesús: Ya, pero también tienes que pensar que este piso es muy antiguo y vamos a necesitar hacer obras. La casa que acabamos de ver, por otro lado, es muy moderna y está dotada de una cocina muy práctica. Además tiene un garaje mientras que con el piso tendríamos que dejar el coche en la calle. Y de todas formas, esta casa no cuesta tanto como el piso porque no está en el centro de la ciudad.
Arantxa: Lo que pasa es que con el piso no necesitamos coche ya que los dos podemos ir al trabajo en metro. La casa, por otro lado, está en las afueras de la ciudad y tendríamos que hacer ese viaje de una hora todos los días para ir al trabajo.

4 ¿Dónde vives?

Página 37 Actividad 1 C

– Dicen que en España siempre hace sol pero no es verdad. España tiene un clima bastante variado y hay muchas diferencias entre el norte del país y el sur.

El norte del país tiene un clima más húmedo. Durante el invierno hace bastante frío y llueve a menudo. Hace viento y a veces hay tormentas. En verano, por otra parte, hace mejor tiempo. Hace calor y hace sol pero no tanto como en el sur de España.

El sur del país tiene un clima suave y seco en invierno. No hace frío y casi nunca llueve. En verano no hay variedad. Hace muchísimo sol y las temperaturas son muy altas.

Página 38 Actividad 3 A

1 ¡Hola! Me llamo Clara. Vivo en un pueblo en las afueras de Valencia. Es un pueblo pequeño y no hay mucho. Tenemos un bar y un restaurante, un colegio con el parque detrás, y una gasolinera. Claro, también hay una iglesia.

2 ¡Hola! Soy Jorge. Yo vivo en las afueras de Madrid en el barrio de Delicias. Aquí tenemos todo lo que nos hace falta, por ejemplo hay una oficina de Correos, un supermercado, una biblioteca y varios bares y restaurantes.

3 ¡Hola! Yo soy Alfonsa y vivo en el campo a unos cincuenta kilómetros de la gran ciudad. Claro, no hay mucho, sólo una iglesia y una tienda de alimentación pequeña. Faltan cosas como bares, más tiendas. Debería haber más tiendas y una gasolinera.

4 ¡Hola! Me llamo Eduardo. Vivo en el centro de Zaragoza y no falta nada. Hay tiendas, restaurantes, muchísimos bares, varios colegios y unos parques preciosos. Lo que falta es una oficina de Correos cerca de mi casa. Debería haber más oficinas de Correos en el centro.

Página 39 Actividad 4 A

1 En Benidorm hay menos bares y restaurantes que en Lugo.
2 En Lugo hay menos terrazas que en Benidorm.
3 En Lugo hay más oportunidades para compras y visitas que en Benidorm.
4 En Benidorm hay más hoteles que en Lugo.
5 En Benidorm hay más parques que en Lugo.
6 Benidorm es una ciudad más antigua que Lugo.
7 Benidorm está más cerca del mar que Lugo.
8 Lugo es una ciudad más cultural que Benidorm.

Página 39 Actividad 5 A

1 – Perdone, ¿por dónde se va a Correos?
  – Siga todo recto y tome la primera a la derecha.

2 – Perdone, ¿por dónde se va al museo?
  – Tome la primera a la izquierda, siga todo recto y luego la tercera a la derecha.

3 – Perdone, ¿hay una parada de autobuses por aquí?
  – Claro, tome la segunda a la derecha y baje la calle.

4 – Perdone, ¿dónde está el supermercado?
  – Tome la primera a la izquierda y luego la segunda a la derecha y baje la calle hasta el final.

5 – Perdone, ¿por dónde se va a la farmacia?
  – Siga todo recto hasta la plaza mayor y cruce la plaza.

6 – Perdone, ¿hay un buen restaurante por aquí?
  – Sí, siga todo recto, tome la segunda a la izquierda y luego la segunda a la derecha. Está a la izquierda.

7 – Perdone, ¿por dónde se va al Hotel Goya?
  – Tome la primera a la derecha aquí y suba la calle. Está a la derecha.

Página 42 Actividad 10

– Yo he vivido toda mi vida en el campo y la idea de vivir en una gran ciudad me parece espantosa. Aquí en el campo se respira aire puro ya que estamos lejos de la contaminación de las ciudades. De hecho, por aquí no pasa mucho tráfico y me encantan la tranquilidad y la paz que tenemos aquí. También me gusta la idea de poder comer verduras de mi propio jardín lo cual en una ciudad sería imposible. Además, aquí tengo mi casa, mi propio espacio y no un piso de pocos metros cuadrados donde me sentiría muy mal.

5 El colegio

Página 45 Actividad 1

Jaime: Pues, estudio matemáticas, química, física, un idioma moderno, es decir inglés, lengua española, dibujo, formación religiosa, historia y geografía.

En general me gustan las asignaturas aunque en algunas no me va muy bien. Me gustan las matemáticas porque yo creo que necesitamos las matemáticas todos los días. Por otra parte, no me gusta mucho la geografía porque aunque pueda ser útil, a mí no me resulta muy fácil y me cuesta bastante trabajo. El inglés me encanta porque me gusta la idea de poder visitar otros países, entender a la gente y ver cómo viven. La historia para mí es un desastre. El problema es que tienes que pasar mucho tiempo leyendo y aprendiendo hechos. Prefiero algo más práctico.

Página 46 Actividad 2

Jaime: Me llevo bien con el profesor de inglés. Tiene mucho sentido del humor y siempre hace que las clases sean divertidas con muchas actividades variadas.

Aunque no me gusta mucho la geografía, reconozco que tenemos una buena profesora. Prepara muy bien sus clases y enseña muy bien. Si hay algo que no entendemos siempre lo explica.

El profesor de matemáticas es bastante serio y no nos deja ni un minuto de descanso. Tenemos que hacer muchos ejercicios en la clase y siempre nos da muchos deberes.

La profesora de química es muy desagradable. Es severa y tiene muy poca paciencia. Lo que pasa es que grita mucho y sus clases son un desastre. Tenemos que escribir mucho y nunca hacemos nada interesante.

Página 46 Actividad 4

Directora: Yo diría que en general Jaime es un buen alumno aunque podría mejorar en algunas asignaturas. En matemáticas trabaja mucho. Es su mejor asignatura. En ciencias naturales, es decir química y física, trabaja de manera satisfactoria. Sus notas en lengua española son muy buenas. En inglés saca notas buenas sin más. En historia, pues no hace ningún esfuerzo y trabaja poco. Tiene que recuperar urgentemente. La profesora de geografía no está contenta con Jaime. Saca notas muy malas y tiene que recuperar urgentemente. Con educación física no tiene ningún problema. En esta asignatura va muy bien.

Página 49 Actividad 8

– Por la mañana las clases empiezan a las ocho y media y tenemos seis clases al día. Cada una dura una hora aunque a veces terminamos antes. Tenemos dos recreos al día. El primer recreo después de la segunda clase empieza a las diez y media. El segundo recreo, claro, es cuando comemos y para eso tenemos dos horas y media. El día escolar termina a las cinco y media pero depende un poco de las clases que tenemos.

El día que más prefiero es el jueves porque tenemos clase de informática a las nueve y media y después una hora de matemáticas a las once. Éstas son mis asignaturas preferidas.

Página 50 Actividad 10 A

– Yo creo que en nuestro instituto no hay tantas normas como por ejemplo en un instituto inglés. Aquí los estudiantes estamos menos restringidos en lo que podemos hacer o no hacer. Por ejemplo, aquí nos dejan fumar. Se puede fumar en el instituto incluso en algunas clases si los profesores nos dan el permiso de fumar durante su clase.

No tenemos que llevar uniforme y no hay normas sobre la ropa que llevamos. Pero sí tenemos que ser puntuales. Hay que llegar a clase a la hora indicada porque a veces no te dejan entrar si llegas tarde. Estoy de acuerdo con esta norma porque molesta mucho cuando hay gente que entra tarde cuando ya ha empezado la clase.

Durante las clases no se puede comer aunque con los chicles y los caramelos no hay problema. Tampoco se puede hablar mientras habla el profesor. Quizá la norma más importante es que hay que aprobar los exámenes al final del año para poder pasar al año siguiente. No se puede suspender asignaturas.

6 El trabajo

Página 53 Actividad 1

– Mi madre es médica. Trabaja en un hospital pero también tiene un consultorio privado.

– Mi padre es profesor. Es profesor de idiomas en un instituto cerca de nuestra casa.

– Mi tío es mecánico. Le encanta su trabajo porque le gustan muchísimo los coches.

– Mi prima es secretaria de una empresa de telecomunicaciones. Le gusta su trabajo porque dice que es interesante y que le pagan bien.

Página 53 Actividad 2

– ¡Hola! Soy Mariano y tengo treinta y seis años. Soy mecánico desde hace dieciocho años. Me encanta este trabajo porque los coches son mi pasatiempo favorito. Me encanta arreglar coches de todas las marcas.

– ¡Hola! Buenos días. Me llamo Carmen y soy médica desde hace unos veinte años. A pesar de que a veces tengo un trabajo difícil, me encanta mi profesión porque yo creo que es un trabajo útil. Me gusta poder ayudar a la gente y solucionar sus problemas de salud.

Página 57 Actividad 10 B

Entrevista con Ana María

Jefe: Buenos días, Ana María. Gracias por su curriculum y la carta de solicitud. Nos gustaría hacerle algunas preguntas. De hecho, ¿por qué quiere Vd trabajar de secretaria en esta empresa de zapatillas de deporte?
Ana María: Pues mire, la verdad es que soy una persona muy práctica y como vivo cerca de aquí y que el horario conviene al horario que tenemos en mi familia, pues me resultó una oportunidad única.
Jefe: ¿Qué formación tiene Vd?
Ana María: Después de mis estudios escolares, como no quería ir a la universidad, hice un año de formación profesional.
Jefe: Y ¿qué experiencia tiene?
Ana María: He tenido muchos puestos pero ningún puesto fijo. Como tengo hijos no me resultó oportuno tener un trabajo fijo pero sí trabajé de suplente en al menos tres empresas.
Jefe: ¿Qué cualidades tiene Vd para este puesto, entonces?
Ana María: Pues yo creo que a pesar de que nunca he tenido la oportunidad de trabajar a largo plazo en una empresa, soy una persona con mucha ambición y yo creo que tengo la imaginación necesaria para hacer un buen trabajo aquí.

Entrevista con Paloma

Jefe: Buenos días, Paloma. Gracias por haber mandado su curriculum y su carta de solicitud que por cierto nos gustó mucho. ¿Podría decirnos por qué quiere Vd trabajar de secretaria en esta empresa?
Paloma: Desde que decidí acercarme a esta ciudad y vivir aquí, he estado buscando empleo. De todos los anuncios que vi, su anuncio me atrajo en seguida. El anuncio daba una imagen de una empresa moderna y eficiente y el puesto de secretaria en concreto parece muy interesante.
Jefe: ¿Qué formación tiene Vd?
Paloma: Hice formación de secretariado durante dos años. Durante este tiempo tuvimos que estudiar un idioma moderno, en mi caso el inglés, para obener el diploma.
Jefe: ¿Qué experiencia tiene?
Paloma: Mi primer puesto fue en una empresa muy grande en Barcelona. Yo era secretaria del gerente del departamento de marketing. También tuve que hacer traducciones de inglés a español.
Jefe: ¿Qué cualidades tiene Vd para este puesto?
Paloma: He aprendido que para hacer bien mi trabajo hace falta una actitud positiva en todas las situaciones. Una secretaria tiene que asumir muchas responsabilidades y hacer su trabajo tomando la iniciativa.

7 ¡Buen viaje!

Página 61 Actividad 1

1 El padre: Mira, yo este año quiero variar de lo habitual. No quiero vacaciones al sol sino vacaciones en la nieve. Me gustaría ir a esquiar.

2 Rafael: Pues, yo me quedo con la playa. Prefiero ir de vacaciones durante el verano y con el calor que hace, donde mejor se está es en la playa.

3 Ramón: Montaña o playa, a mí me da igual a condición de que podamos hacer camping y quedarnos al aire libre.

4 Rosa: Todo esto no me parece muy interesante. Me gustaría conocer más ciudades de España. Córdoba, Sevilla, Granada – me gustaría visitar estas ciudades, visitar los museos.

5 La madre: Nada de eso, ya veo que no vamos a ponernos de acuerdo. Lo que yo quiero es irme a un hotel donde haya oportunidades para hacer deporte. Me apetece hacer natación, equitación y jugar al tenis todos los días.

Página 61 Actividad 3 A

1 – ¿A usted cómo le gusta viajar cuando va de vacaciones y qué tipo de alojamiento prefiere?
– Cuando voy de vacaciones me gusta viajar en tren, pero prefiero viajar en avión porque es más cómodo. Por la misma razón prefiero quedarme en un hotel porque yo no puedo sin cuarto de baño privado.

2 – ¿Está usted de acuerdo?
– Pues no. Como siempre voy de vacaciones por España, no veo la necesidad de tomar un avión. Siempre voy en coche y esto me resulta más práctico porque me gusta hacer camping.

3 – ¿Cómo le gusta viajar a usted y qué tipo de alojamiento prefiere?
– Bueno, antes de todo no me gusta viajar. Pero si hace falta, prefiero coger el tren, especialmente el tren nocturno, así puedo dormir. En cuanto al alojamiento, pues lo más práctico me parece alquilar un apartamento, así hago lo que quiero.

4 – ¿Y usted?
– Siempre hago viajes muy largos. Por ejemplo, voy a menudo a América del Sur. Ya ve que no tengo más remedio que tomar un avión si quiero llegar a mi destino. Aunque prefiero hacer camping, me veo obligada a quedarme en hoteles ya que lo organizan todo las agencias de viaje.

Página 64 Actividad 9

A

A: Buenos días. ¿A qué hora sale el próximo tren para Madrid, por favor?
B: Sale a las nueve y treinta.
A: Muy bien. Deme un billete de segunda clase, por favor.
B: ¿De ida sólo?
A: No. De ida y vuelta.
B: Bueno, son tres mil doscientas pesetas.
A: Oiga, quiero un asiento de fumadores.
B: Muy bien, no hay problema.

B

A: Buenas tardes. ¿Hay trenes para Valencia hoy?
B: Sí, claro. Hay trenes a las diez y cuarto, a la una en punto y luego a las seis y cinco de la tarde.
A: Vale, ¿puedo reservar un asiento para el tren de la una, por favor?
B: Sí, ¿primera o segunda clase?
A: ¿Cuánto vale la primera?
B: Cinco mil pesetas.
A: Pues entonces la segunda, por favor.

C

A: Buenos días, quisiera viajar a Sevilla esta tarde, por favor.
B: No hay un tren directo hasta mañana, pero si quiere, puede ir vía Córdoba.
A: ¿Así que tengo que hacer transbordo en Córdoba?
B: Eso es. El tren para Córdoba sale a las cinco y cuarto del andén número once.

Página 65 Actividad 12

A: Mira, ¡qué vuelo! Nunca lo he pasado tan mal. Fíjate que hubo un retraso de tres horas.
B: Lo que es peor es que había fumadores en los asientos de no fumadores y ya sabes que no aguanto el tabaco.
A: Y de la comida no vamos a hablar. No sabía a nada y además estaba fría.
B: Y como si fuera poco, el servicio a bordo estaba fatal. Las azafatas no tenían la información adecuada para los pasajeros que tenían que conectar con otro vuelo.
A: Y para colmo, hubo otro retraso en sacar el equipaje del avión. ¡Menudo viaje, eso digo yo!

8 Todo bajo el sol

Página 69 Actividad 2 A

– Y ahora el pronóstico del tiempo para mañana. En toda España va a hacer buen tiempo menos en el noroeste, es decir, La Coruña, donde va a hacer frío y va a llover. Pasando al noreste, en Barcelona va a estar nublado pero no va a llover. Bajando al sureste, en Alicante va a hacer calor y mucho sol, así como en Sevilla donde las temperaturas alcanzarán los treinta grados. En Cáceres va a estar despejado pero va a hacer viento. En el centro de España, sobre todo en Madrid, va a haber buen tiempo y calor, pero por la noche habrá tormenta.

Página 69 Actividad 2 B

– Pasamos ya al pronóstico del tiempo para la semana en la comunidad de Madrid donde a principios de semana las temperaturas no superarán los quince grados. Esto constituye un descenso de diez grados comparado con la semana pasada. También veremos unas gotas de lluvia y la mayoría del tiempo, cielos nublados. El miércoles veremos un cambio agradable, es decir, las temperaturas subirán y alcanzarán los veinticinco grados. Habrá mucho más sol aunque el jueves soplarán vientos flojos por la tarde. El fin de semana parece bastante prometedor con cielos despejados y temperaturas máximas de treinta grados.

Página 70 Actividad 4

Camarero: Hola, buenas, ¿qué van a tomar?
Chico: Pues para mí, una cerveza y unas aceitunas, por favor.
Chica: Y para mí, un vino blanco, por favor. ¿Qué tapas tiene?
Camarero: Bueno, pues hay tortilla, jamón serrano, anchoas fritas, y claro, aceitunas y patatas fritas.
Chica: Me apetece una ración de jamón serrano, por favor. ¿Nos trae también una botella de agua mineral sin gas, por favor?
Camarero: En seguida.

Chico: Eso es lo que me gusta de los bares aquí en España. Si tienes hambre, puedes comer a cualquier hora del día.
Chica: Claro, y además la comida es muy buena.

Página 71 Actividad 7

1 *Cliente:* Buenos días, quisiera reservar una mesa cerca de la ventana para las ocho, por favor.
Camarero: Muy bien, ¿cuál es el apellido?
Cliente: García Montalbán.

2 *Clienta:* Buenos días, ¿tiene una mesa libre para las nueve hoy?
Camarero: Sí, señora. ¿Dónde quiere la mesa?
Clienta: Pues cerca de la entrada si es posible. Me llamo Rosa Jiménez Sierra.

3 *Cliente:* Buenas tardes, ¿puedo reservar una mesa pero lejos de los servicios?
Camarero: Sí, señor. ¿A qué hora?
Cliente: A las diez y media. Me llamo Roberto García López.

4 *Clienta:* Hola, ¿puedo reservar una mesa en la terraza al sol, por favor?
Camarero: No hay problema. ¿Qué apellido pongo?
Clienta: Pérez Solana. Quiero la reserva para las ocho y media.

5 *Cliente:* Buenos días, quisiera reservar una mesa para las dos, por favor.
Camarero: Sólo queda una mesa en la terraza a la sombra.
Cliente: Muy bien. Me llamo Martínez Sánchez.

6 *Clienta:* Hola, ¿hay una mesa libre para esta noche?
Camarero: Sí, señorita, pero sólo queda una mesa en un rincón cerca de los servicios.
Clienta: No pasa nada, está muy bien. Ponga el nombre de González Soria para las nueve.

Página 73 Actividad 13 A

1 El hotel nos encantó, desde el confort de las habitaciones hasta el jardín donde podían jugar los niños y el perro.

2 Aunque bonito y bastante tranquilo, el hotel nos decepcionó en cuanto a las instalaciones en general, y sobre todo los aseos.

3 Como nos fuimos de vacaciones queriendo descansar, el ambiente tranquilo del hotel no nos decepcionó.

4 Este hotel no era adecuado para nosotros puesto que siempre viajamos con la abuela, y como ya es muy mayor y está en una silla de ruedas, pues no había ascensor o rampa adecuada.

5 Pues todo muy bien en este hotel... bastante tranquilo... bastante bonito, pero en cuanto a la comida, pues bastante desastrosa diría yo.

6 Me encantó el hecho de que no hacía falta bajar hasta el bar para tomarse una bebida ya que en las habitaciones tenían de todo.

7 El hotel nos encantó en muchos aspectos pero hace falta mencionar lo bonito que era, sobre todo el interior.

8 A veces dónde dejar el coche era un problema, y aunque había aparcamiento, no nos pareció muy seguro. Eso del coche nos preocupó bastante.

9 Comprar y comer

Página 77 Actividad 1 A

1 A mí me gusta comer todo lo que es pescado, mariscos...
2 Pues yo prefiero la carne.
3 A mí también me gusta la carne y el pescado pero no podría vivir sin verdura fresca... los tomates, los pimientos...¡Qué rico!
4 Yo como de todo, pero el postre no me lo pierdo. Me encantan los dulces.

Página 77 Actividad 2 A

Bueno, hoy como somos cinco para comer necesito comprar dos barras de pan, cinco chuletas de cerdo y unos filetes de ternera para la cena. Luego, para la paella de mañana, necesito comprar ya los mariscos porque mañana el supermercado va a estar cerrado. Luego nos hacen falta manzanas y naranjas. También me parece que estamos casi sin café y azúcar. Y casi se me olvida... como viene la abuela a tomar el café, mejor que compre unas galletas y unos pasteles.

Página 78 Actividad 3

Hoy en el supermercado Mercadona les ofrecemos queso de Zamora por 1.190 pesetas el kilo en vez de 1.400 pesetas, y jamón cocido por 995 pesetas el kilo en vez de 1.110 pesetas. También en oferta están los productos congelados Pescanova con los filetes de merluza sin piel por 775 pesetas el kilo en vez de 850 pesetas. No se pierdan el chorizo La Hoguera por 349 pesetas el kilo en vez de 449 pesetas. El helado de chocolate La Cremería por 269 pesetas en vez de 310 pesetas es una oferta que no se pueden perder. Si desean un buen Rioja, las botellas Banda Azul están en oferta por 325 pesetas en vez de 375 pesetas y les ofrecemos seis botellas de cerveza el Águila por 215 pesetas en vez de 300 pesetas.

Página 78 Actividad 4

1 *Dependienta:* Buenos días, ¿qué desea?
Cliente: Deme un kilo de naranjas, por favor.
Dependienta: ¿Algo más?
Cliente: No, gracias. ¿Cuánto es?
Dependienta: Doscientas pesetas.

2 *Cliente:* Buenos días, ¿tiene queso gallego, por favor?
Dependienta: Lo siento, no queda, pero tenemos un buen queso manchego.
Cliente: Vale, deme medio kilo de queso manchego entonces.
Dependienta: Son seiscientas cincuenta pesetas, por favor.
Cliente: Aquí tiene.

3 *Dependienta:* Buenos días, ¿qué desea?
Cliente: Necesito unas chuletas de cordero, ¿cuánto valen el kilo?
Dependienta: Las chuletas de cordero valen dos mil doscientas pesetas el kilo.
Cliente: Bueno, deme seis chuletas, por favor.
Dependienta: Son ochocientas cincuenta pesetas en total.

4 *Clienta:* Buenos días, quisiera doscientos cincuenta gramos de café, por favor.
Dependienta: Tenemos café español o café holandés.
Clienta: ¿Cuál es más barato?
Dependienta: Pues, el café español vale doscientas noventa y cinco pesetas el paquete, y el café holandés un poquito más, es decir, trescientas diez pesetas.
Clienta: Deme dos paquetes de café español, por favor.
Dependienta: Pues, son quinientas noventa pesetas.

Página 81 Actividad 10

1 Yo de verdad soy una auténtica fanática de la moda. Para ir al trabajo no me esfuerzo mucho, pero durante mi tiempo libre y para salir, me visto con mucho cuidado. Me encanta la ropa de marca, es decir, un vestido de Chanel, un traje de Armani y claro, los zapatos de Loewe.

2 Me gusta ir vestido de manera muy informal. Suelo llevar vaqueros, negros o azules, camisetas o camisas, y en invierno, claro, un jersey de lana. Suelo elegir colores bastante discretos. ¡No me gusta dar la nota!

3 Yo como trabajo muchas horas y siempre tengo que ir vestido de manera muy formal, me gusta llegar a casa y ponerme cómodo. Suelo llevar un chándal en casa con unas zapatillas de deporte. Para salir, por ejemplo a una discoteca, me pongo unos vaqueros y una camisa blanca.

Página 82 Actividad 14

1 Caballeros, durante toda la semana hay rebajas en la sección de confección de caballeros en la cuarta planta. Tenemos ofertas especiales en todas las camisas de marca con descuentos hasta del cincuenta por ciento. No se pierdan esta oportunidad única para comprarse ropa de marca a precios muy interesantes.

2 Señoras, visiten la zapatería en la segunda planta donde encontrarán ofertas muy interesantes en todos los zapatos de temporada. Botas rebajadas de diez mil pesetas a cinco mil pesetas, zapatos de charol rebajados de ocho mil quinientas pesetas a cinco mil pesetas.... y más ofertas hasta el sábado que viene.

3 Señoras, no olviden la promoción especial de perfumería en la sección de confección de señoras. Con la compra de un vestido de más de cinco mil pesetas, recibirá de regalo su perfume preferido. Oferta válida hoy y mañana, así que visiten la sección de confección de señoras en la tercera planta.

4 Señoras y caballeros, no dejen de visitar la peletería en la planta baja donde encontrarán grandes reducciones en todos los artículos de piel – cinturones por menos de tres mil pesetas, bolsos por menos de cinco mil pesetas, maletas de piel por menos de ocho mil pesetas – grandes rebajas en nuestros artículos de piel durante toda la semana.

10 La salud y el bienestar

Página 85 Actividad 1

1 ¡Estoy mal! Me duele la garganta.
2 ¡Qué dolor! Me duelen las muelas.
3 ¡Estoy enfermo! Tengo un dolor de estómago increíble.
4 ¡Me siento mal! Me duele mucho la cabeza.
5 Me duelen los oídos.
6 Me duele la nariz.

Página 85 Actividad 2

Antes de poner la música, escuchad otra vez las instrucciones. Con las manos vamos a tocarnos las rodillas dos veces y después de la misma manera los pies, pero tres veces. Luego empezamos a saltar, levantando una pierna tras otra y levantando los brazos por encima de la cabeza. ¿Ya? Pues empezamos...

Página 85 Actividad 3

1 Hola, amigos. Mirad cómo me encuentro. Me he roto el brazo mientras jugaba al tenis. ¿Y a ti, qué te ha pasado?

2 Pues, me he cortado la rodilla mientras jugaba al fútbol. Pero mira Pedro, ¡qué quemadura!

3 Pues sí, me he quemado mientras cocinaba.

4 Eso no es nada. Yo me he torcido el tobillo mientras hacía equitación y me duele muchísimo.

Página 87 Actividad 7

1 *Médico:* Bueno entonces, ¿qué le pasa?
   Paciente: Tengo un dolor muy fuerte en el estómago.
   Médico: A ver... Es una indigestión.
   Paciente: ¿Es grave?
   Médico: No, no, se le pasará en seguida. Pero tiene que tomar un jarabe durante tres días. Aquí tiene la receta.
   Paciente: ¿Tengo que volver a verle?
   Médico: No es necesario.

2 *Médico:* Buenos días. ¿Cómo puedo ayudarle?
   Paciente: Tengo fiebre y me duele mucho la garganta.
   Médico: ¿Desde cuándo tiene fiebre?
   Paciente: Desde anoche.
   Médico: Usted tiene una gripe, pero no es grave. Tiene que guardar cama durante unos días y le voy a dar una receta para unos comprimidos.
   Paciente: ¿Tengo que volver a verle?
   Médico: Sí, pida hora para la semana que viene.

3 *Médico:* Buenos días. Dígame.
   Paciente: Me he caído mientras jugaba al tenis.
   Médico: ¿Dónde le duele?
   Paciente: Pues me duele mucho la espalda.
   Médico: A ver... Creo que se ha torcido un poco la espalda. No es grave pero tiene que descansar durante unos días y no puede hacer deporte durante al menos dos semanas.
   Paciente: ¿Tengo que volver a verle?
   Médico: Sí, venga a verme dentro de dos semanas a ver qué tal.

Página 88 Actividad 9 B

1 Antes solía fumar por lo menos veinte cigarrillos al día. No estaba en forma para nada. Entonces decidí dejar de fumar y hacer más ejercicio. Ahora estoy más en forma y me siento mejor.

2 Antes solía comer sólo carne. No tenía una dieta equilibrada y me faltaban vitaminas. Entonces decidí dejar de comer tanta carne y comer más verduras y más fruta. Ahora como mejor y me siento mejor.

3 Antes solía ver mucho la tele. No estaba en forma para nada y no tenía mucha energía. Entonces decidí dejar de ver la tele y salir más. Ahora me encuentro con más energía y tengo una vida más variada.

Página 90 Actividad 14

El otro día mi amigo Osvaldo y yo decidimos ir al centro para comprar unos discos. Andábamos charlando por la calle, hasta que llegamos al cruce, donde nos paramos para poder cruzar. De repente vimos un camión. En vez de parar, el camión se saltó el semáforo en rojo. En ese momento apareció un coche azul por la derecha. Desgraciadamente el camión chocó con el coche azul. Mi amigo se acercó corriendo a una cabina telefónica y llamó a una ambulancia, y también llamó a la policía. Yo me acerqué a los coches. Había tres personas heridas. Después de unos minutos llegaron la ambulancia y la policía. La policía habló con el conductor del camión y con todos los testigos para descubrir lo que había pasado.

11 Los servicios públicos

Página 93 Actividad 2

1 *Cliente:* Buenos días. Deme veinte litros de súper, por favor.
Dependiente: Muy bien...Son dos mil pesetas.
Cliente: ¿Puede comprobar el agua, por favor?
Dependiente: Claro.

2 *Clienta:* Buenas tardes. Llénelo de gasolina sin plomo, por favor.
Dependiente: Vale....Son tres mil cuatro cientas pesetas.
Clienta: ¿Puede comprobar el aceite también, por favor?
Dependiente: Muy bien.

3 *Cliente:* Buenos días. Necesito treinta litros de gasoil, por favor.
Dependiente: ¿Quiere que combruebe el aceite?
Cliente: No gracias, no hace falta, pero ¿puede comprobar los neumáticos?
Dependiente: Sí, claro.

4 *Clienta:* Buenas noches, deme cuarenta litros de gasolina sin plomo, por favor.
Dependiente: Vale....Son tres mil ochocientas pesetas.
Clienta: ¿Venden mapas de la región?
Dependiente: Sí, pregunte en el quiosco.

Página 93 Actividad 4

1 *Conductor:* Buenos días. Tengo un problema con el coche. No me arranca.
Mecánico: Bien, pues ¿dónde está usted en este momento?
Conductor: Estoy en la carretera 102, a tres kilómetros del puente.
Mecánico: Bien y ¿qué coche tiene?
Conductor: Es un Seat Ibiza rojo.
Mecánico: Pues estaremos con usted dentro de media hora.
Conductor: Gracias.

2 *Conductor:* Buenas tardes. Estoy en la carretera con un pinchazo y no consigo cambiar la rueda.
Mecánico: Pues podemos ayudarle pero tendrá que esperar al menos una hora.
Conductor: Bueno, vale, estoy a unos cinco kilómetros de Tomelloso en la carretera 103.
Mecánico: ¿Qué coche tiene?
Conductor: Es un Ford Fiesta verde.
Mecánico: Muy bien. Hasta luego.

3 *Conductora:* Buenos días. ¿Podría ayudarme? Me he quedado sin gasolina y no sé si hay una gasolinera cerca de aquí.
Mecánico: ¿Dónde está usted exactamente?
Conductora: Estoy en la autopista M30 entre las salidas cinco y seis.
Mecánico: ¿Y qué coche es?
Conductora: Es un Seat Córdoba negro.
Mecánico: Bueno, espere con el coche. Procuraremos estar con usted dentro de diez minutos.

Página 94 Actividad 5

1 *Cliente:* Buenos días. ¿Cuánto cuesta mandar este telegrama a Francia, por favor?
Dependiente: Son seiscientas pesetas.

2 *Cliente:* Buenas tardes. ¿Cuánto cuesta mandar este paquete a Málaga, por favor?
Dependiente: Son cuatrocientas pesetas.

3 *Clienta:* Hola. ¿Cuánto cuesta mandar una carta a Gran Bretaña, por favor?
Dependiente: Son cuarenta y cinco pesetas.

4 *Cliente:* Buenos días. ¿Cuánto cuesta mandar una postal a Barcelona?
Dependiente: Son treinta pesetas.

Página 97 Actividad 12

1 *Dependiente:* Buenos días. ¿Qué desea?
Cliente: He perdido mi cartera.
Dependiente:¿Cómo es?
Cliente: Es grande y de piel roja.
Dependiente: ¿Cuándo y dónde la perdió?
Cliente: Esta mañana en la estación, cerca de los servicios.
Dependiente: Lo siento, todavía no nos han entregado ninguna cartera. Pero déjenos su dirección.

2 *Dependiente:* Buenos días. ¿Puedo ayudarle?
Clienta: Sí, he perdido mi paraguas. ¿Quizá lo tienen ustedes?
Dependiente: ¿Cómo es?
Clienta: Es bastante pequeño, con rayas azules y blancas.
Dependiente: ¿Dónde y cuándo lo perdió?
Clienta: Pues lo dejé en el autobús ayer por la mañana.
Dependiente: A ver....Sí, aquí tenemos un paraguas blanco y azul.

3 *Dependiente:* Buenos días. ¿Qué desea?
Cliente: He perdido una bolsa.
Dependiente: ¿Cómo es?
Cliente: Es una bolsa de plástico del Corte Inglés. Contenía dos camisas.
Dependiente: ¿Dónde y cuándo la perdió?
Cliente: Pues en el Corte Inglés mismo hace dos horas, pero allí no la tienen.
Dependiente: Aquí tampoco tenemos bolsa del Corte Inglés. Lo siento.

12 Una mirada al mundo

Página 102 Actividad 2

1 Profesor: Yo creo que principalmente la nueva Europa va a cambiar mi vida profesional. Ya vemos los cambios en el sistema educativo español para acercarnos a un sistema universal, o sea europeo. Además ahora tenemos que preparar a los jóvenes para vivir en Europa más que en España.

2 Ama de casa: Yo lo que veo cada vez más son los productos digamos extranjeros que se encuentran en los supermercados y las tiendas. Por ejemplo, antes comprabas tomates, digo españoles, y no te lo pensabas. Hoy en día, pues, cuidado.... a lo mejor los tomates holandeses salen más baratos.

3 Estudiante: Yo creo que la nueva Europa exige que uno aprenda más idiomas. Yo puedo estudiar química o biología en la universidad aquí en España, pero si quiero tener más oportunidades de obtener becas o de encontrar trabajo, pues necesito también aprender al menos dos de los idiomas principales de Europa, o sea inglés, francés o alemán.

4 Dentista: No creo que vaya a cambiar mucho mi vida aunque reconozco que todo se hace cada vez más según las reglas y las normas europeas. Así que nuestra manera de trabajar y los sistemas sanitarios se van uniformando.

5 Parado: Ser parado aquí en España quiere decir que no hay trabajo. Ahora, con la nueva Europa, pues en teoría tenemos el derecho de buscar trabajo en otros países sin tener que pedir el permiso. Así que en teoría existen más posibilidades. El hecho de que otros países se encuentran con los mismos problemas, pues en realidad no cambia mucho.

Página 102 Actividad 3

1 Con la llegada del verano y del calor, nada te refrescará tanto como las burbujas de Kas. Bebe agua tónica Kas y despierta tu energía de verano. Kas, en todos los bares de España.

2 ¿Estás harta de tener los platos limpios pero las manos resecas? Pues ahora hay una solución. Usa Nuevo Detergente Palmolive. El detergente Palmolive limpia a fondo tus platos quitando toda la grasa pero dejando tus manos suaves y atractivas. Nuevo Detergente Palmolive – cuida tus platos y tus manos.

3 Ahora es hora de visitar la nueva colección de relojes divertidos en venta en el Corte Inglés a precios increíbles. No se corte, venga al Corte Inglés donde el tiempo es oro.

4 ¿Tiene usted ganas de viajar, de visitar otros países, de conocer otras culturas? Ahora el nuevo curso de idiomas Multilengua le permite aprender el idioma que usted necesita para poder aprovechar de su viaje. En sólo tres semanas usted aprenderá francés, inglés, alemán o japonés y sólo nos quedará desearle buen viaje. Centro Multilengua. Para más información llame al 091...

Página 106 Actividad 9

Señoras y señores, buenas noches. Siguen los títulos más destacados del día.

Tragedia en Madrid. Esta mañana a las ocho en punto un coche-bomba mató a un policía en pleno centro de Madrid. El policía pasaba con su coche en el momento de la explosión y murió una hora después de ser transportado al hospital. El presidente del gobierno, José María Aznar, condena una vez más los actos de terrorismo en la capital.

El conducir deja de ser un placer. Subida de los precios de gasolina a partir de mañana, y largas colas en todas las gasolineras de España.

El rey Juan Carlos y la reina Sofía terminan hoy su viaje oficial a Italia. Los reyes se declaran muy contentos con su visita.

La última película de Fernando Trueba premiada en los óscares. El cine español empieza a destacarse.

El gobierno decide abandonar la propuesta ley de impuestos sobre libros y discos. El comercio da un suspiro de alivio.

Y un reportaje especial sobre los jóvenes y el alcohol. ¿Por qué beben más que nunca? María Teresa González Ropero habla con los jóvenes víctimas del alcohol.

Pruebas de control
Prueba 1

Página 110 Actividad 1

1 ¡Hola! Soy Nacho y tengo 15 años. Vivo con mi familia en Pamplona y me gustaría escribirme con un chico o una chica en Inglaterra. Soy simpático y bastante sociable. Me gusta ir al cine y practicar deportes.

2 ¡Hola! ¿Qué tal? Pues yo me llamo Ana y soy una chica de 16 años y me gusta muchísimo hacer equitación. De hecho, busco una amiga inglesa con quien pueda compartir mi afición a los caballos.

3 ¡Hola, mucho gusto! Soy Pablo y me gustaría tener un amigo o una amiga en Inglaterra para poder mejorar mi inglés. Tengo 16 años y soy un chico tranquilo. Me encanta la música clásica y me gustaría muchísimo ir a unos conciertos en la capital.

4 ¡Hola! Me llamo Juanita y tengo 15 años. Busco una amiga inglesa para poder mejorar mi inglés. Me encantan las películas y el deporte. Me gustan los animales pequeños, pero los perros no porque me dan miedo.

Página 110 Actividad 2

1 Dos hermanas...la guerra civil...y un gran amor. La última película de Carlos Saura llega al cine Gran Vía a partir del jueves día 15. ¡No se la pierda!

2 El nuevo centro deportivo La Castellana abre sus puertas en el mes de septiembre. Pero ya puede obtener la tarjeta de miembro a precio reducido. Para más información llame al 2348195.

3 La Casa del Libro ofrece más de mil títulos de autores españoles y extranjeros a mitad de precio. No se pierdan esta oportunidad única de disfrutar de las obras más importantes de la literatura.

4 Documentales...entrevistas...películas del cine español. Vive la pasión todos los días en Telemadrid a partir de las cinco de la tarde.

Prueba 2

Página 112 Actividad 1

1 Voy al Instituto San Antonio que se encuentra en el centro de la ciudad. Es un instituto grande con dos mil alumnos. Tiene una biblioteca grande con muchos libros y un gimnasio excelente para hacer deporte a cubierto. La cafetería es pequeña pero sirven comida muy buena. Los profesores son muy buenos y me gustan mucho. Lo malo es que no organizan mucho para los alumnos fuera de las clases.

2 Soy alumno del Instituto Rubén Darío que es el único instituto de nuestro pueblo. Tiene más o menos cuatrocientos alumnos y todas las clases tienen lugar en un edificio antiguo en las afueras del pueblo. Aunque los profesores son muy buenos y nos ayudan mucho, no hay muchas posibilidades para el estudio independiente. Tenemos una biblioteca pero con muy pocos libros. Aparte de una máquina no hay posibilidades para comer. Por otro lado tenemos mucha suerte en que organizan excursiones interesantes para los alumnos.

3 En el Instituto Carlos V los dos mil quinientos alumnos llevan una vida bastante interesante. Pueden participar en muchas actividades deportivas y culturales organizadas por los profesores. Los profesores se esfuerzan mucho por los alumnos pero son muy exigentes y en las clases hay un ambiente muy serio. El instituto tiene tres edificios. Uno está dedicado exclusivamente al deporte. En el edificio principal hay una biblioteca y un centro de estudio que sigue abierto incluso los fines de semana.

Página 112 Actividad 2

Sevilla es una ciudad maravillosa. Es la capital de Andalucía y tiene muchos edificios antiguos y preciosos además de muchos lugares de gran interés. Tiene museos y salas de exposición. Es una ciudad grande con casi setecientos mil habitantes. Mucha gente vive en el centro de la ciudad en los pisos antiguos aunque hay pisos más modernos en algunos barrios de la ciudad. Durante todo el año llegan visitantes de toda España y del extranjero. La ciudad atrae más gente en Semana Santa. A pesar de una buena red de autobuses, la gente prefiere usar el coche. A veces la presencia de demasiados coches en el centro causa problemas.

Prueba 3

Página 114 Actividad 1

1 ¿Quiere un camping cerca del mar? ¿Quiere disfrutar de un auténtico lugar de vacaciones? Elija Camping Sevilla...parcelas individuales con toma de corriente para tiendas y caravanas...duchas con agua caliente...supermercado y restaurante.

2 ¿Está usted buscando el camping ideal para disfrutar de unas vacaciones tranquilas al aire libre? Ya no busque más. Venga a pasar unos días en el camping Tres Molinos. Piscina climatizada...parque infantil... bar y restaurante...parcelas para tiendas pequeñas y grandes.

Página 114 Actividad 2

1 Me encantaría ir de vacaciones durante unas semanas en la costa. No me importa el lujo así que cualquier hotel me vale. Me gustaría poder pasar días enteros practicando el surf y no tener que preocuparme por la comida. Y claro, por las noches me gustaría poder salir y disfrutar de la vida nocturna.

2 Cuando pienso en vacaciones pienso en el mar, así que mis vacaciones ideales me las paso en la costa. El alojamiento no es tan importante pero me gustaría poder elegir entre varias actividades durante el día y salir a bailar por la noche. También es importante tener muchas posibilidades para comer fuera.

Prueba 4

Página 116 Actividad 1

1 ¡Hola! Soy Francisco. Lo siento pero no puedo ir a tu fiesta porque tengo que recoger a mi madre en el aeropuerto.

2 ¡Hola! Soy Alejandra. Estoy resfriada así que no voy a ir a la fiesta. Lo siento. Te llamaré la semana que viene...¿Vale?

3 Soy Ramón. Hola, ¿qué tal? Lo siento por tu fiesta pero mi hermana está en el hospital así que no puedo ir. Hasta luego.

4 ¡Hola! Soy Rita. No te lo vas a creer pero me he torcido el tobillo así que de fiestas o de bailar nada. Lo siento. Ya te llamaré.

5 Hola, Luis. Soy Darío. Esta noche han robado en casa y se han llevado casi todo. Lo siento pero no tengo muchas ganas de ir a la fiesta.

6 ¿Luis? Soy Mario. He perdido las llaves del coche, así que no sé si voy a poder ir a tu fiesta. Lo siento.

Página 116 Actividad 2

¡Hola! Muy buenos días. Aquí Nieves Abascal con ustedes hasta las doce. Me hace muchísima ilusión poder pasar unas horas en su compañía y ya verán lo bien que lo vamos a pasar. Hoy en el estudio tenemos con nosotros al médico Juan García Solana que nos hablará de la importancia de seguir una dieta sana. También recibiremos la visita de la gran actriz Ana Rosales y le preguntaremos por sus proyectos en el teatro.

Y si todavía no lo tienen muy claro en cuanto a la comida de hoy, pues nos dará una receta muy especial el famoso cocinero Pedro Jiménez Soria.

Y a las once y media vamos a reunir a todos nuestros invitados para comentar los acontecimientos más destacados de la semana en España y expresar nuestras opiniones sobre ellos...

Answers

Unidad 1

1 B Pedro Izquierdo Martínez, calle Almirante 30, Madrid, 707 88 43

2 A 1 There are seven people in her family 2 She has three brothers and one sister 3 She has a cat

2 B 1 brown eyes 2 grey hair and blue eyes 3 very long blond hair

3 A 1 Raúl / Mercedes; Gloria / María Teresa; Luis / María Teresa; Pedro / María Teresa; 2 Fátima

4 Carmen

5 1 Cuban; 2 Mexican; 3 they want friends from all over the world; they want Spanish friends

6 Pablo; Roberto; David; Alejandro; Manuel

9 1 true; 2 true; 3 true; 4 false; 5 false; 6 true; 7 false; 8 false; 9 true; 10 true

11 1 b; 2 false; 3 a; 4 false; 5 d

12 1 American; 2 in both cities; 3 dancer; 4 yes; 5 c

13 1 b; 2 c; 3 a; 4 c; 5 b; 6 a

15 1 a girl; 2 17; 3 she is pretty; 4 she is not intelligent; 5 more; 6 she wants to be intelligent; 7 depressed

16 A
before:	*now:*
Tenía el pelo largo y oscuro.	Tiene el pelo más corto y más rubio.
Era tímida.	Es más extrovertida.
Estaba más gorda.	Es más guapa.
Vestía discretamente.	Lleva ropa de moda.

B tiene – tenía; lleva – llevaba; es – era
tenía – tiene; era – es; estaba – está; vestía – viste.

Práctica

1 SER soy; es; es; son; somos; somos; eres; sois
ESTAR está; está; están; estoy; estamos; estás; estáis
TENER tengo; tengo; tiene; tiene; tienen; tenemos; tienes; tenéis

HACER hago; hacen; hace; hacemos; haces; hacéis
IR voy; vamos; va; van; vas; vais

2 1 como; 2 llega; 3 preparan; 4 salimos; 5 beben; 6 leo; 7 puedes; 8 vuelvo; 9 podéis; 10 pone

3 1 suelo leer; 2 queremos ir; 3 tengo que estudiar; 4 quiero leer; 5 solemos salir; 6 tenemos que volver

Unidad 2

1 María Luisa: going out with friends / cinema; Nacho: reading/museums; Javier: sport/dancing; Pilar: playing the flute/collecting stamps

2 María Luisa: 1 tennis; 2 swimming; 3 once
Nacho: 1 football/basketball; 2 football/basketball; 3 two/three times
Javier: 1 all sports; 2 football/tennis/swimmimg/ski; 3 football/tennis four times/swimmimg twice.
Pilar: 1 none; 2 gymnastics; 3 everyday

3 a 3; b 1; c 3; d 4; e 4; f 2; g 3; h 1

4 1 b; 2 c; 3 Elena goes swimming everyday; 4 a

6 1 El amor es un potro desbocado; 2 Madrid; 3 cheaper; 4 false

8 A 1 c; 2 a; 3 d; 4 e; 5 b

10 1 a; 2 a; 3 b

11 A 1 nine; 2 football; 3 true; 4 false; 5 it is very far; 6 build a football pitch
B b

13 d; g; b; a; f; i; h; c; e

Práctica

1 1 fui; 2 hice; 3 tuve; 4 comí; 5 bebí; 6 salí; 7 volví; 8 leí; 9 vi; 10 jugué

2 1 fui; 2 fue; 3 fueron; 4 hizo; 5 volvió; 6 salimos; 7 gustó; 8 decidieron; 9 decidí; 10 perdió; tuvo que; 11 fuimos; viajamos; nos quedamos; 12 conocí

3 fui; nos encontramos; tuvimos que; decidimos; comimos; terminó; fuimos; tomamos; invitó; quedamos; volvimos; cogí; costó

Unidad 3

1 1 d; 2 b; 3 e; 4 a; 5 c

2 1 nine; 2 next to the dining room; 3 next to her parents' bedroom; 4 no; 5 yes

3 la cocina: una cocina de gas; una nevera; un microondas; un fregadero; una lavadora
el salón: un sofá; una mesita; una butaca; un vídeo; un estéreo; un televisor; el comedor: un aparador; una mesa con sillas
el dormitorio: una cama; un espejo; un armario; un escritorio

4 b

5 c

6 A Miguel: c; k
Paloma: a; b; f; g; h; i
Sergio: d; e; j; l
Ana: —
B e; f; h; l; i

7 1 b/h; 2 d/e; 3 a/f; 4 c/g

8 A 1 badly; 2 half an hour; 3 he goes out with his friends; 4 his bedroom is messy and smells
B a; c; d; e; g; h; j; k; l; m; n

9 1 d; 2 c; 3 a; 4 b

10 1 at seven o'clock or quarter past seven; 2 at eight o'clock; 3 at half past eight; 4 at half past five or six o'clock; 5 at ten o'clock or half past ten; 6 at twelve o'clock

14 1 he wants more than one floor; he wants a garden
2 it's easier to clean
3 it's peaceful – there is only one neighbour; it has a very large terrace; they don't need a car (it is in the city centre)
4 it is old; it needs repairs; there is no garage; it is more expensive
5 it is modern; it has a practical kitchen; it has a garage; it is cheaper (not in the city centre).
6 it is very far (suburbs) and they need to travel for one hour to get to work.

Práctica

1 1 me levanto; 2 se levanta; 3 se levantan; 4 nos levantamos; te levantas; os levantáis

2 me despierto; me levanto; me ducho; me visto; me preparo

3 me despierto; me levanto; me ducho; me visto; se acuesta; se levanta; nos levantamos; nos acostamos

4 me acosté; me desperté; se levantó; nos duchamos; nos vestimos; se acostaron

5 voy a levantarme; voy a acostarme; voy a ducharme

Unidad 4

1 A true; 2 false; 3 false; 4 true; 5 false; 6 true
  C 1 false; hace frío y llueve, hace viento y hay tormentas
    2 false; hace muchísimo calor
    3 true
    4 true
    5 false; no hace frío y está seco (no llueve)
    6 false; hace menos calor

2 A 1 b; 2 d; 3 a; 4 c

3 A 1 c/i/h/e/j/g; 2 b/f/c/i; 3 g/a; 4 a/f/i/c/e

4 2; 3; 7; 8 are true

5 A 1 F = post office; 2 A = museum; 3 E = bus stop; 4 C = supermarket 5 D = chemist; 6 B = restaurant; 7 G = Hotel Goya

6 1 c; 2 history, art, architecture, maps of the area; 3 ten

7 A 1a; 2b; 3c; 4g; 5d; 6h; 7j; 8e; 9i; 10h; 11f
  B 1 true; 2 false; 3 false; 4 true; 5 false; 6 true
  C 1 more than three million people
    2 it is the capital of Spain
    3 it is a cultural city
    4 see the museums, monuments, parks; play sport; go shopping
    5 restaurants, bars, clubs, theatres, concerts, Flamenco music

8 1 c; 2 a; 3 b

9 1 ten; 2 123; 3 1:30am; 4 no; 5 the Bonometro; 6 yes; 7 buses, local trains, underground; 8 5801980

10 1 he has always lived in the country
    2 you can breathe fresh air (in the city there is pollution)
    3 there is not much traffic – peace and tranquillity
    4 he can grow vegetables in his garden
    5 he lives in a house (and not a flat)

Práctica

1 1 un; 2 el; 3 las; 4 los; 5 las; 6 unos/la; 7 la/un; 8 el/unos; 9 la/un; 10 los/las

2 1 la /del; 2 la/de los; 3 la/del; 4 a la/el; 5 al; 6 el/de la; 7 la/del; 8 al; 9 a la; 10 las/al/del

3 1 bonita; 2 pintoresca; 3 bonito; 4 muchas; 5 pocas; 6 antigua/interesante; 7 estrechas/mucho; 8 modernas/antiguas; 9 pequeña; 10 atractivos

4 1 preciosos/verdes/impresionantes
    2 anchas/muchos
    3 bonito/monótono
    4 típicas/blancos
    5 rápido/práctico

Unidad 5

1 A 1 nine; 2 Maths, Physics, English, Spanish, Art, R.E, History, Geography
  C 1 b; 2 b; 3 a; 4 a

2 inglés/d; geografía/a; matemáticas/b química/c

3 1 educación física; prácticas; teoría del dibujo
    2 idioma moderno; formación religiosa; formación humanística; matemáticas; tecnología
    3 educación física
    4 matemáticas (muy deficiente)

4 1d; 2a; 3c; 4f; 5b; 6e; 7g

5 B a / 18 puntos; b / 7-11 puntos; c / 12-17 puntos; d / 6 puntos

6 A 1 last year: a Esther era una buena alumna; c Respetaba mucho al profesor; d Se comportaba bien en clase; f Aprobaba los exámenes; h Hacía todos les deberes
    2 this year: b Esther saca malas notas; e El profesor es muy malo; g Esther se aburre
  B 1 her grades; 2 the teacher; 3 b

8 1 8:30; 2 one hour; 3 10:30; 4 two and a half hours; 5 5:30; 6 11:00; 7 two; 8 four hours; 9 Spanish

9 A a ...es el metro puesto que la mayoría de los alumnos viven en el centro de la ciudad
    b ...desde su casa para dirigirse al instituto
    c ...en el gimnasio
    d ...la biblioteca que está dotada de muchos libros y la sala de estudio

10 A positive: don't have to wear uniform; must be punctual; can eat sweets and chewing gum; must pass exams
negative: can smoke; can't eat; can't talk

Práctica

1 1 voy a ir/iré
    2 voy a tener/tendré
    3 voy a hacer/haré
    4 voy a estar/estaré
    5 voy a hablar/hablaré
    6 voy a ordenar/ordenaré
    7 voy a salir/saldré
    8 voy a recibir/recibiré
    9 voy a hacer/haré
    10 voy a venir/vendré

2 1 compraré; 2 saldré; 3 tendrán; 4 iré; 5 visitaremos

3 1 iré; estudiaré; seré
    2 trabajaré; hablaré; mejoraré; iré
    3 iré; empezaré; podré

Unidad 6

1 A 1 c his mother – doctor; 2 a his father – teacher; 3 b his uncle – mechanic; 4 d his cousin – secretary
  B 1 a doctor; 2 a teacher; 3 a secretary; 4 a mechanic; 5 a secretary; 6 a mechanic; 7 a nurse; 8 a teacher

2 1 eighteen years; 2 he loves cars; 3 twenty years; 4 she likes to be able to help people

3 a 2/6/7; b 3/4/8; c 1/5/9

5 1 b; 2 a; 3 c; 4 c; 5 c; 6 b/d; 7 d; 8 a; 9 a; 10 d; 11 c

6 1 secretary; 2 yes; 3 English both spoken and written / computer literate; 4 hablo inglés y francés / estudié informática; 5 yes (promotion)

8 3 / 4 / 6 / 8 / 9 / 10 / 11 / 14

9 1 b; 2 83%; 3 45%

10 A 1b; 2b; 3b; 4b
  B Ana María 1c; 2a; 3a; 4a
    Paloma 1b; 2b; 3b; 4b
  C Paloma

11 1 management secretary; 2 more than twenty years; 3 change the work times; 4 to dedicate more time to her family and her hobbies; 5 six days; 6 a/c; 7 b; 8 c

Práctica

1 1 era; 2 había; 3 estaba; 4 hacía; 5 era;
   6 trabajaba; 7 gustaba; 8 estaba;
   9 podía; 10 era; 11 querían;
   12 necesitaba

2 1 trabajar; 2 tomar; 3 limpiar; 4 volver;
   5 ser; 6 hacer; 7 estar; 8 tener; 9 gastar;
   10 ir; 11 comprar; 12 estudiar

3 1 podía; 2 quería; 3 iba; 4 tenía; 5 estaba

4 necesitaba; tenía que; estaba; tenía que;
   tenía que; necesitaba; tenía; tenía que

Unidad 7

1 1 d; 2 a; 3 b; 4 c; 5 e

2 1 c; 2 d; 3 a; 4 f; 5 e; 6 b

3 1 a/e – more comfortable; 2 b/f – more
   practical; 3 c/g – more practical; 4 a/e –
   the travel agent organises everything

4 1 Karla; 2 Cha; 3 Mauri/Pablo; 4 Alan;
   5 Mauri

5 1 a; 2 a; 3 b; 4 b; 5 a; 6 a; 7 a; 8 b

7 client: a/b/e/g/h/j/l/n/p/r/t
   owner: a/c/d/f/i/k/m/o/q/s/u

8 1 Valencia; 2 November 3; 3 October
   31; 4 ten to eight (morning); 5 8 hours
   forty minutes; 6 cash; 7 keep the ticket

9 A 1 09:30; 2 3,200 pesetas; 3 smoking
   B 1 three: 10:15am / 1:00 pm / 6:05
   pm; 2 1:00 pm; 3 second class
   C 1 Sevilla; 2 yes; 3 11

11 A 1 yes; 2 2; 3 more room;
    4 champagne; 5 first class lounges,
    exclusive check-in counters,
    special care
    B 1 09:00; 2 17:00; 3 20:00

12 A c; e; a; d; b
    B 1c; 2d; 3a; 4b; 5e

Práctica

1 1 estoy viendo la tele
   2 estoy escuchando la radio
   3 estoy comiendo un bocadillo
   4 estoy jugando al tenis
   5 estoy haciendo la comida
   6 estoy fregando los platos
   7 estoy leyendo un libro
   8 estoy escribiendo una carta

2 1 está viendo la tele
   2 están preparando la cena
   3 estamos jugando al fútbol
   4 está dando los deberes
   5 estamos haciendo los deberes

3 1 estaba viendo la tele
   2 estaba leyendo un libro
   3 estaba mirando las camisetas
   4 estaba dando un paseo
   5 estaba bajando la calle
   6 estaba preparando la comida
   7 estaba haciendo natación
   8 estaba hablando por teléfono

4 1 estaba haciendo; sonó
   2 estaba viendo; oí
   3 estaba hablando; llegaron
   4 estaba haciendo; empezó
   5 estaba comiendo; entró
   6 estaba andando; me caí
   7 estaba buscando la tienda; perdí
   8 estaba saliendo; vi

Unidad 8

1 1 true; true; true
   2 yesterday it was cold; true; true
   3 true; true; tomorrow it will be nice
   4 true; today it is windy; tomorrow the
   weather will be bad

2 A 1 i; b; c
     2 a; b
     3 h
     4 a; b
     5 d; e
     6 f; k
   B 1 15 degrees; rain; cloudy
     2 25 degrees; sunny; light winds
     3 clear skies; 30 degrees

4 A beer; white wine; mineral water
     (flat) olives; omelette; ham; fried
     anchovies; crisps
   B You can eat when you like; the food
     is good

6 1 El Jardín; 2 La Fonda; 3 La Fonda;
   4 Rabo de toro/El Molino del Monte;
   5 Lomos de merluza y calamarcitos/El
   Jardín; 6 Sufflé de chocolate/La Torre
   de Oro

7 1 C/García Montalbán/20:00
   2 B/Rosa Jiménez Sierra/21:00
   3 A/Roberto García López/22:30
   4 E/Pérez Solana/20:30
   5 F/Martínez Sánchez/14:00
   6 D/González/Soria/21:00

9 A 1 a; 2 i; 3 c; 4 k; 5 d; 6 g; 7 e; 8 h;
     9 b; 10 j; 11 f; 12 l

10 1 b; 2 c; 3 f; 4 d; 5 a; 6 e

13 A 1 X; 2 Y; 3 X; 4 Y; 5 Y; 6 X; 7 X; 8 Y
    B 1 X/arquitectura
      2 Y/decoración
      3 Y/desayuno
      4 X/confort habitaciones
      5 Y/tranquilidad exterior

14 A 1/c; 2/b; 3/a
    B 1 Todos rumbo a París; 2 Días
    dorados en Tenerife; 3 Thailandia

Práctica

1 tenía; era; tenía; era; vivía; estaba; iba;
   jugaba; llevaba; comía; bebía; tenía;
   hacía

2 1 era; 2 estaba; 3 tenían; 4 era; 5 tenía
   6 había; 7 estaba; 8 iba; 9 había;
   10 tomaba

3 1 jugaba; 2 hacía; 3 escuchaba;
   4 preparaba/ponía; 5 querían/quería

4 1 fui/era; 2 tuve/eran; 3 limpié/estaba;
   4 invité/estaban; 5 era/bailamos;
   6 había/se enfadaron;
   7 volvieron/estaban; 8 llamé/había;
   9 decidí/estaba; 10 estaba/fui

5 fui; quería; había; podía; vi; era; tenía;
   iba; llevaba; tenía; llevaba; cogió; puso;
   miró; vio; estaba; cogió; tenía; decidí

Unidad 9

1 1 fish/seafood (c) ; 2 meat (b);
   3 vegetables (a); 4 deserts (d)

2 A panadería; carnicería; pescadería;
     frutería; tienda de alimentación;
     pastelería

3 cheese 1,190 (1,400); ham 995
   (1,110); hake 775 (850); sausage 349
   (449); ice cream 269 (310); wine 325
   (375); beer 215 (300)

4 1 a oranges; b one kilo; c 200
   2 a cheese; b half a kilo; c 650
   3 a lamb chops; b six; c 850
   4 a coffee; b 500 grams; c 590

5 A 1 d; 2 c; 3 a; 4 b
   B customer 2/3; assistant 1/4

6 a; d; f; e; c; g; j; h; b; i

9 A 1 c; 2 g; 3 a; 4 e; 5 h; 6 j; 7 b; 8 i; 9 k;
     10 f; 11 d; 12 l
   B potatoes; beans; red pepper; onion;
     parsley; salt; oil; ham; eggs

10 A 1 b; 2 a; 3 c
    B 1 dress; shoes
      2 jeans; tee shirts; shirts;
        jumper
      3 track suit; sports shoes; jeans;
        shirt

12 1 a; 2 e; 3 b; 4 d; 5 f; 6 c

14 1 a a menswear / fourth floor
      b one week
      c shirts (50%)

2 a shoe department / second floor
  b until Saturday
  c boots (5,000) shoes (5,000)

3 a ladies wear / third floor
  b today and tomorrow
  c dress (5,000+) / perfume

4 a leather goods / ground floor
  b one week
  c belts (3,000) bags (5,000) suitcases (8,000)

15 1 advertisements in the newspapers
  2 the opening of parliament
  3 queuing
  4 a saldo; **b** liquidación; **c** rebaja
  5 more customers; more articles sold
  6 we buy more than we need

Práctica

1 1 esta; **2** este; **3** estos; **4** estas; **5** estos; **6** este; **7** estas; **8** estos; **9** esta; **10** este

2 1 mi; **2** mi; **3** mis; **4** mis; **5** tus; **6** su; **7** nuestro; **8** vuestros; **9** su; **10** sus

3 1 mías; **2** tuyo; **3** suyo; **4** vuestros; **5** mía; **6** vuestro; **7** mías; **8** tuyo; **9** míos/tuyos; **10** tuya

4 1 cómo; **2** cuál; **3** qué; **4** cuál; **5** cuándo; **6** adónde; **7** quién; **8** para qué; **9** a quién; **10** cuáles

Unidad 10

1 1 d; **2** c; **3** f; **4** e; **5** b; **6** a

2 hands; knees; feet; leg; arms; head

3 1 d/g; **2** f/k; **3** c/i; **4** b/h

4 sore throat and headache; lozenges and aspirin

5 1 nose; **2** no; **3** no; **4** b

6 1 true; **2** false; **3** true; **4** true

7 1 a stomach ache
  b indigestion
  c take a syrup for three days
  d no

  2 a temperature; sore throat
  b flu
  c stay in bed for a few days; take some pills
  d yes; next week

  3 a sore back
  b sprained back
  c rest for a few days; no sport for two weeks
  d yes; in two weeks

9 1 a smoking; **b** stop smoking and exercise; **c** in good form / feels better

2 a only eats meat; **b** eat more fruit and vegetables; **c** feels better / eats better
3 a watches a lot of television; **b** go out more; **c** has more energy and leads a more varied life

10 1 false; **2** false; **3** true; **4** false; **5** true; **6** true; **7** false; **8** true

11 a

12 1 children; **2** going to school, sport, dancing; **3** proteins / carbohydrates / vitamins / minerals; **4** when they are not eating well; **5** you only have to drink; there are many flavours

13 1 b; **2** b; **3** true; **4** plane; car; boat; **5** take medicine; **6** they make you sleepy; **7** you should avoid alcohol / fix your gaze on distant objects; you should not read / have an empty stomach

14 g; b; f; d; a; h; c; e

Práctica

1 1 soy; **2** es; **3** estoy; **4** estoy; **5** estamos; **6** es/está; **7** es/está; **8** soy/estoy; **9** están/están; **10** son; **11** están; **12** está/es; **13** está; **14** está; **15** es/está; **16** está /es; **17** eres/estás; **18** estáis/está **19** es/está; **20** son/es

2 1 para; **2** para; **3** para; **4** para; **5** por; **6** por; **7** por; **8** por; **9** por; **10** para

3 1 a; **2** a; **3** en; **4** a; **5** en; **6** en; **7** debajo; **8** enfrente; **9** desde; **10** desde/hasta

Unidad 11

1 1 b; **2** d; **3** e; **4** f; **5** a; **6** c

2 1 a four star **b** 20 **c** check water
  2 a lead free **b** full **c** check oil
  3 a diesel **b** 30 **c** check tyres
  4 a lead free **b** 40 **c** do they sell maps?

4 A 1 c ; **2** b; **3** a
  B 1 a number of road 102 / 3 kilometres from bridge; **b** red seat Ibiza; **c** half an hour
  2 a number of road 103 / 5 kilometres from Tomelloso; **b** green Ford Fiesta; **c** one hour
  3 a motorway M30 / between exits 5 and 6; **b** black Seat Córdoba; **c** 10 minutes

5
telegrama	Francia	600 ptas
paquete	Málaga	400 ptas
carta	Gran Bretaña	45 ptas
postal	Barcelona	30 ptas

6 1 c; **2** f; **3** g; **4** a; **5** h; **6** d; **7** i; **8** e; **9** b

7 1 true; **2** true; **3** false

8 1 c; **2** c; **3** b; **4** a; **5** b

9 1 h; **2** d; **3** e; **4** a; **5** f; **6** g; **7** b; **8** c

10 a disadvantage (2); **b** advantage (8); **c** disadvantage (2); **d** advantage (6); **e** disadvantage (5); **f** advantage (6/3); **g** disadvantage (6); **h** disadvantage (1)

11 a 205 83 43; **b** 593 06 86 / 547 82 00 / 499 90 08 / 405 12 13; **c** 091; **d** 588 44 00; **e** 080; **f** 431 68 40; **g** 530 50 36; **h** 527 88 92

12 1 Perdió una cartera de piel roja esta mañana en la estación
  2 Perdió un paraguas blanco y azul ayer por la mañana en el autobús
  3 Perdió una bolsa de plástico del Corte Inglés hace dos horas en el Corte Inglés

13 1 b; **2** d; **3** a; **4** c

14 A 1 a suitcase; **b** black / quite big / leather; **c** the 27th in the station
  2 a computer game; **b** – ; **c** the 13th in the train (AVE) Madrid – Sevilla (carriage 4 seat 22)

16 1g; **2**i; **3**h; **4**j; **5**f; **6**e; **7**a; **8**i; **9**b; **10**d

Práctica

1 1 han; **2** han; **3** ha; **4** has; **5** he; **6** hemos

2 1 has visto; **2** he visto; **3** has comprado; **4** he podido; **5** has olvidado; **6** he perdido; **7** has buscado; **8** he dejado; **9** han robado; **10** he ido

3 1 has visto; **2** vi; **3** compraste; **4** he comprado; **5** has terminado; **6** terminé; **7** has hecho; **8** hice; **9** has probado; **10** probé

4 1 la; **2** lo; **3** las; **4** los; **5** la

5 1 les; **2** le; **3** me; **4** le; **5** les

Unidad 12

1 A 1 Sarah Jenkins; **2** Karen Hesse; **3** Yves Rocher; **4** Antonio Vanoni

2 A 1 professor; **2** housewife; **3** student; **4** dentist; **5** unemployed person
  B professor (c); housewife (e); student (a); dentist (d); unemployed person (b)

3 A 1 c; **2** a; **3** d; **4** b
  B 1 e; **2** f; **3** c; **4** b

C **1** b it is refreshing and gives energy;
2 a does not dry out your hands;
3 b fun but cheap; **4** b enables you to
learn the language of the country
you want to visit

4 **A** a; b; c; h; i; j
B **1** revista de actualidad (a); **2** revista
de divulgación científica (g);
3 revista femenina (f); **4** revista
culinaria (i)

5 **1** music; **2** important news; coming
music; **3** more colour pages

6 **1** How a bar code is deciphered
2 How bar codes on the articles we
buy are used
3 It is a coding device which enables
all products to be identified
4 Four advantages
5 a manufacturers maintain control
over products
b avoids charging errors
c avoids customers waiting
d customer receives detailed list of
purchases
6 Fourteen numbers
7 Control number
8 It means there is an error

7 **1** b; **2** d; **3** they were not at home;
4 specialised materials; **5** jewels;
6 eating and watching television

8 **1** During the "siesta" or Saturday
mornings
2 Salvatore Lombino
3 A police/crime novel
4 three
5 children
6 she is very shy
7 Deuda de honor
8 at the office

9 **A** 3; 9; 2; 6; 5; 7
B b; f; a; e; c; d
C **1** in Madrid city centre; **2** eight
o'clock exactly; **3** passing in his car;
4 one hour

Práctica

1 **1** tengas; **2** hagas; **3** seas; **4** vayas;
5 estés; **6** digas

2 **1** sea; **2** termine; **3** sea; **4** haga;
5 tenga; **6** esté; **7** tenga; **8** sea; **9** tenga;
10 sea

3 **1** es; **2** sea; **3** sea; **4** sea; **5** haya; **6** sea;
7 son; **8** tenga; **9** puede; **10** sean

4 **1** deberíamos; debería; deberían;
debería; gustaría; encantaría
2 deberían; sería; tendrían que;
deberían

Pruebas de control
Prueba 1

1 Robert: Nacho (1)
Penny: Pablo (3)

2 a cinema; sport; reading; television;
theatre
b theatre

6 **1** his mother is ill
2 helping at home
3 homework; go out with friends; play
basketball
4 flat is too small
5 problems with neighbours; wants a
garden
6 although he complains he does help
out at home

Prueba 2

1 **1** Instituto San Antonio: a large;
b good; c kind; d little variety
2 Instituto Rubén Darío: a small;
b bad; c kind; d a lot of variety
3 Instituto Carlos V: a large; b good;
c strict; d lots of variety

2 culture; population; accommodation;
tourism; public transport; traffic
Not mentioned: night life, pollution

6 **1** people prefer to use their car
2 lots of leisure opportunities such as
cinemas and clubs
3 how much time he needs to revise
4 finds it difficult
5 work as a hotel waiter and helping
in kitchen
6 the plane ticket

Prueba 3

1 Camping Sevilla – c; Camping Tres
Molinos – a.

2 1a; 2c.

6 **1** improve his English; try typical
dishes; go on visits
2 two hours and a quarter
3 there are lots of people in the airport
4 did not have suitable clothes and
was cold
5 b enthusiastic
6 wants to meet his pen pal's friends
and introduce his friends

Prueba 4

1 Francisco: j
Alejandra: i
Ramón: g
Rita: f
Darío: h
Mario: d

2 health; interview; cooking; debate;
current affairs
not mentioned: musical act

6 **1** after
2 the countryside
3 lost his rucksack and his credit card
was not accepted
4 a; c; d; f